Schäfer
Einsatz und Bewertung von Exotischen Optionen

GABLER EDITION WISSENSCHAFT

Marcus Schäfer

Einsatz und Bewertung von Exotischen Optionen

Mit einem Geleitwort
von Prof. Dr. Otto Loistl

DeutscherUniversitätsVerlag

Die Deutsche Bibliothek - CIP-Einheitsaufnahme

Schäfer, Marcus:
Einsatz und Bewertung von Exotischen Optionen / Marcus Schäfer.
Mit einem Geleitw. von Otto Loistl.
- Wiesbaden : Dt. Univ.-Verl. ; Wiesbaden : Gabler, 1998
(Gabler Edition Wissenschaft)
Zugl.: Paderborn, Univ., Diss., 1997
ISBN 978-3-8244-6711-2   ISBN 978-3-322-97770-0 (eBook)
DOI 10.1007/978-3-322-97770-0

Rechte vorbehalten

Gabler Verlag, Deutscher Universitäts-Verlag, Wiesbaden
© Betriebswirtschaftlicher Verlag Dr. Th. Gabler GmbH, Wiesbaden, 1998

Der Deutsche Universitäts-Verlag und der Gabler Verlag sind Unternehmen der
Bertelsmann Fachinformation GmbH.

Lektorat: Ute Wrasmann / Markus Kölsch

Geleitwort

Die praktische Anwendung sogenannter Exotischer Optionen hängt entscheidend an der genauen Bewertung. Da in vielen Fällen eine unmittelbare analytische Lösung nicht möglich ist, kommt den numerischen Bewertungsverfahren immer größere Bedeutung zu. Dies ist kein besorgniserregender Umstand. Andere Disziplinen arbeiten seit langem vorwiegend mit numerischen Prozeduren. Niemand käme in der Raumfahrt auf die Idee, sich auf analytisch lösbare Differentialgleichungen zu konzentrieren.

Finite Differenzen und ihre Weiterentwicklungen sind in den technischen Disziplinen die Methode der Wahl zur numerischen Lösung von Differentialgleichungen. Sie waren daher auch schon in den siebziger Jahren, allerdings ohne großes Echo, zur Optionsberechnung vorgeschlagen worden.

Marcus Schäfer zeigt, daß diese Vernachlässigung nicht gerechtfertigt ist. Die Feststellung von Hull (3.Aufl., S.380), daß die Expliziten Finiten Differenzen dem Trinomialverfahren entsprechen, ist zu relativieren, denn die in den technischen Disziplinen seit längerem eingesetzten Varianten sind Weiterentwicklungen, deren Effizienz beträchtlich die der Expliziten oder Impliziten Finiten Differenzen übersteigt.

Die von Schäfer vorgeschlagene Modifikation der Finiten Differenzen verbessert die Leistungsfähigkeit der numerischen Verfahren auch bei der Bewertung Exotischer Optionen in den meisten der untersuchten Fällen beträchtlich.

Die analytische Begründung der Algorithmus-Modifikation orientiert sich an den Überlegungen von Richardson.

Marcus Schäfer hat eine wichtige und bislang analytisch kaum behandelte Fragestellung systematisch, gründlich und anschaulich aufgearbeitet. Die mit seinem Algorithmus erzielbaren Effizienzsteigerungen sind gerade für die Praxis von großem Interesse.

Prof. Dr. Otto Loistl

Vorwort

Im Rahmen der vorliegenden Abhandlung werden Einsatzgebiete und Bewertungsmethoden Exotischer Optionen untersucht. Sie wurde im September 1997 dem Fachbereich Wirtschaftswissenschaften der Universität-Gesamthochschule Paderborn als Inauguraldissertation vorgelegt.

Die Arbeit wurde betreut von Herrn Prof. Dr. Otto Loistl von der Wirtschaftsuniversität Wien und von Frau Prof. Dr. Bettina Schiller von der Universität-Gesamthochschule Paderborn. Beiden möchte ich an dieser Stelle für die mir gewährte Unterstützung danken. Insbesondere die zahlreichen Diskussionen mit Herrn Prof. Dr. Otto Loistl und die daraus resultierenden Anregungen waren für das Gelingen der Dissertation von entscheidender Bedeutung und haben ihre Qualität deutlich erhöht.

Danken möchte ich außerdem meinen Eltern August und Brigitte Schäfer. Sie haben mir den Wert einer fundierten Ausbildung klar gemacht und mich auf dem Wege dorthin wann immer möglich unterstützt.

Marcus Schäfer

Inhaltsverzeichnis

1 Einleitung

In der Einleitung seiner „Theory of rational option pricing", einer der wichtigsten und meistzitierten Arbeiten auf dem Gebiet der Optionsbewertung, hat Merton noch 1973 mit den Worten *"Because options are specialized and relatively unimportant financial securities, the amount of time and space devoted to the development of a pricing theory might be questioned"* leichten Zweifel an Sinn und Zweck der Entwicklung einer Bewertungstheorie für Optionen geäußert.[1] Heute, gut zwanzig Jahre später, werden solche Zweifel kaum noch vorgebracht. Hauptgrund hierfür dürfte sein, daß Optionen mittlerweile eben keine relativ unwichtigen Finanzinstrumente mehr sind, sondern als bedeutender und weit verbreiteter Bestandteil des modernen Finanzwesens akzeptiert werden. Wie stark der Handel und damit auch die Bedeutung von Optionen seit Beginn der siebziger Jahre weltweit gewachsen sind, machen zwei Zahlen von Optionsbörsen der USA und Deutschlands deutlich. Die in etwa zeitgleich mit der Veröffentlichung der Arbeiten von Merton (1973) und von Black, Scholes (1973) im April 1973 gegründete Chicago Board Options Exchange hatte in 1996 einen Umsatz von 174 Mio. Kontrakten, in den gesamten USA wurden im gleichen Jahr an Optionsbörsen sogar 270 Mio. Kontrakte gehandelt.[2] Die im Januar 1990 gegründete Deutsche Terminbörse hatte ebenfalls in 1996 einen Umsatz von 37,0 Mio. Optionskontrakten mit einem Prämienvolumen von insgesamt 16,8 Mrd. DEM. Die den Optionen zugrundeliegenden Basiswerte hatten eine Kapitalisierung von 1.191 Mrd. DEM.[3] In beiden Ländern kommen dazu noch zahlreiche in Form von Optionsscheinen an Wertpapierbörsen und over-the-counter ohne Einschaltung einer Börse gehandelte Optionen. Aus diesen Zahlen wird klar, wie stark sich die Bedeutung von Optionen in den 25 Jahren seit Merton's Veröffentlichung erhöht hat.

Da die an Optionsbörsen gehandelten Optionen eine hohe Liquidität benötigen, handelt es sich bei ihnen fast ausnahmslos um Plain Vanilla oder Standard Optionen. Für die Absicherungs- oder Spekulationsbedürfnisse zahlreicher Kunden, resultierend beispielsweise aus über einen längeren Zeitraum gestreckten Zahlungseingängen in einer Fremdwährung oder aus detaillierten Annahmen über die zukünftige Entwicklung eines Aktienkurses, reichen diese Optionen aber häufig nicht mehr aus. Es kam deswegen in den letzten Jahren zu einer ver-

---

[1] Vgl. Merton (1973), S. 141.
[2] Vgl. Frankfurter Allgemeine Zeitung vom 26.06.1997
[3] Vgl. DTB Statistik Report Dezember 1996.

1

stärkten Entwicklung von Optionen, deren Vertragsbedingungen sich von Standard Optionen unterscheiden, und deren Auszahlungsfunktion sich nicht durch ein Portfolio aus Standard Optionen und Basiswert duplizieren läßt. Diese zum Teil over-the-counter und zum Teil an Wertpapierbörsen in Form von Optionsscheinen gehandelten Derivate haben den Namen exotische Optionen erhalten. Durch die bei der Gestaltung der Vertragsbedingungen mögliche Flexibilität ermöglichen sie es Investoren, sich besser als durch den Einsatz vergleichsweise starrer Standard Optionen abzusichern oder zielgerichtet zu spekulieren.

Wie bei Standard Optionen ist es dabei auch auf dem Gebiet exotischer Optionen zu einem regen Austausch zwischen Theorie und Praxis gekommen. Optionshändler basieren ihre Preise zumeist auf von Theoretikern entwickelte Bewertungsprogramme, und die akademische Forschung läßt sich von der Praxis regelmäßig neue und interessante Forschungsgebiete aufzeigen. Im Rahmen dieser Arbeit soll untersucht werden, wie exotische Optionen sinnvoll eingesetzt und effizient bewertet werden können. Hierzu werden exotische Optionen im nächsten Kapitel definiert und klassifiziert bevor anschließend ausgewählte Vertreter der einzelnen Klassen mit ihren Einsatzmöglichkeiten beschrieben werden. Im darauffolgenden dritten Kapitel werden die wichtigsten analytischen und numerischen Bewertungsansätze am Beispiel von Standard Optionen erläutert. Der Schwerpunkt liegt dabei auf der Methode Finiter Differenzen, deren Genauigkeit und/oder Geschwindigkeit in dieser Arbeit durch die Verknüpfung mit der Richardson Extrapolation deutlich erhöht wird. Die Kapitel 4 bis 6 sind ähnlich aufgebaut. Die drei wichtigsten pfadabhängigen Optionen als Untergruppe exotischer Optionen - Barrier, Lookback und Average Optionen - werden mit ihren Einsatzgebieten beschrieben und anschließend in allen Varianten bewertet. Das Hauptaugenmerk liegt auch hier auf der numerischen Methode Finiter Differenzen ergänzt um eine Richardson Extrapolation. Die Arbeit endet mit einer Untersuchung des aus Veränderungen der Optionsbedingungen resultierenden Anpassungsaufwandes der verschiedenen Bewertungsmethoden und einer Zusammenfassung der Ergebnisse.

2 Exotische Optionen im Überblick

2.1 Definition und Klassifizierung

Die meisten Arbeiten definieren exotische Optionen über den Unterschied zu Standard Optionen, ihre Behandlung ist deshalb nicht ohne das Verständnis von Standard Optionen möglich.[1] Aus diesem Grund werden in diesem Abschnitt zuerst Standard Optionen definiert und deren Auszahlungsfunktionen beschrieben, bevor anschließend eine Definition exotischer Optionen und Klassifizierung in vier Gruppen vorgenommen wird. Die darauffolgenden Abschnitte dieses Kapitels beschäftigen sich mit den einzelnen Klassen exotischer Optionen.

Standard Optionen garantieren ihrem Inhaber das Recht, aber nicht die Pflicht, vom Stillhalter der Option einen Basiswert zu einem vorab definierten Ausübungspreis zu kaufen (Kaufoption) oder diesen an ihn zu verkaufen (Verkaufoption). Wenn das Recht während der gesamten Laufzeit der Option gilt, spricht man von einer amerikanischen Option, wenn es nur zu einem vorab bestimmten Zeitpunkt gilt von einer europäischen Option.[2] Nach dieser Definition unterscheiden sich Optionen also dadurch von Termingeschäften, daß der Optionsinhaber ein Wahlrecht bezüglich der Ausübung besitzt und nicht verpflichtet ist, die Transaktion mit dem Stillhalter durchzuführen. Er wird dementsprechend seine Option nur ausüben, wenn ihm ein Vorteil daraus erwächst, d.h. er wird eine Kaufoption nur ausüben, wenn er den Basiswert nicht zu einem niedrigeren Kurs an der Börse erwerben kann, und er wird eine Verkaufoption nur ausüben, wenn er den Basiswert an der Börse nicht teurer veräußern kann. Für ihn resultiert deshalb bei Ausübung ein Optionswert, der dem Unterschied zwischen dem mit und ohne Option gezahlten Kaufpreis bzw. dem mit und ohne Option erzielten Verkaufpreis entspricht. Der Optionswert $C(S, T)$ einer Standard Kaufoption beim Aktienkurs S und dem Ausübungspreis X zum Fälligkeitszeitpunkt T beträgt deshalb

---

[1] Zur Definition exotischer Optionen über den Unterschied zu Standard Optionen vgl. Hull (1997), S. 457, Galitz (1995), S. 310 f.

[2] Als dritte Variante ist ein Ausübungsrecht möglich, das zu mehreren vorab definierten Zeitpunkten oder zu einer oder mehreren Zeitspannen aber nicht während der gesamten Laufzeit gilt. Optionen dieser Art werden als Mid-Atlantic oder Bermuda Optionen bezeichnet.

(2.1) $$C(S, T) = [S - X]^+$$

und der Optionswert $P(S, T)$ einer Verkaufoption

(2.2) $$P(S, T) = [X - S]^+.$$

Die Funktion $[x]^+$ steht dabei aus Gründen der einfacheren Notation für das Maximum von x und Null, also $[x]^+ = \max(x, 0)$. Aus dieser Definition der Standard Option als Recht ohne Pflichten wird klar, daß der Garant dieses Rechtes, der Optionsstillhalter, vom Empfänger des Rechtes, dem Optionsinhaber, einen Ausgleich für die von ihm eventuell zu leistende Zahlung verlangen wird. Die Höhe dieser Optionsprämie oder Optionspreis genannten und bei Gewährung des Optionsrechtes geleisteten Ausgleichszahlung wird maßgeblich durch den Wert der Option bestimmt, also durch den heutigen Wert der künftig aus der Option nach (2.1) bzw. (2.2) resultierenden Zahlung.[3] Der Bestimmung des Optionswertes sind deshalb wesentliche Teile der folgenden Kapitel gewidmet.

Der Einsatz von Standard Optionen ist genauso wie der Einsatz exotischer Optionen aus zwei grundsätzlich verschiedenen Motiven möglich: Absicherung oder Spekulation. Optionen können genutzt werden, um ein einmal erreichtes Kursniveau zum geplanten Kaufen oder Verkaufen von Aktien abzusichern und gleichzeitig weiterhin von günstigen Kursentwicklungen zu profitieren, oder um mit vergleichsweise geringem Kapitaleinsatz von Kursveränderungen des Basiswertes überproportional zu profitieren.[4] Diese Hebel genannte Eigenschaft von Optionen führt zu höheren Renditechancen und -risiken und wird deshalb gerne von Anlegern mit einer bestimmten Erwartung über die zukünftige Wertentwicklung zur Steigerung der Rendite genutzt.

Ausgehend von Standard Optionen, die auf verschiedenste Basiswerte bereits vor mehreren hundert Jahren gehandelt wurden, kam es zu der Entwicklung von Optionsverträgen mit im

---

[3] Neben dem Wert des Optionsrechtes ist insbesondere noch das Marktgeschehen für den Preis einer Option von Bedeutung. Zum Spannungsverhältnis zwischen Werten und Preisen vgl. Loistl (1996a), S. 311 ff.
[4] Für Beispiele zur Reaktion des Optionswertes auf Änderung des Basiswertes vgl. Loistl (1996b), S. 302 ff.

4

Vergleich zu (2.1) bzw. (2.2) aufwendigeren Auszahlungsfunktionen. [5] Bei der ersten Erweiterung handelt es sich um Kombinationen aus Basiswert und verschiedenen Standard Optionen, den sogenannten kombinierten Strategien. Sie haben gemein, daß alle Auszahlungsfunktionen als Linearkombinationen von (2.1), (2.2) und der Auszahlungsfunktion des Basiswertes dargestellt werden können.[6] Diese Einschränkung wird durch die seit den achtziger Jahren vermehrt entwickelten und gehandelten exotischen Optionen aufgehoben. Exotische Optionen sind definiert als Optionen, deren Vertragseigenschaften sich von Standard Optionen unterscheiden und deren Auszahlungsfunktion sich nicht durch ein Portfolio aus Standard Optionen und Basiswert darstellen läßt. [7] Ong (1996) führt einige Gründe für das starke Wachstum dieser Klasse von Optionen auf.[8] Die drei wichtigsten dürften die zusätzliche Flexibilität bei der Anpassung an Kundenbedürfnisse, der wegen der zusätzlichen Flexibilität im Vergleich zu kombinierten Strategien mögliche und sich in attraktivere Preise niederschlagende Verzicht auf Überversicherung und das in der gleichen Zeitspanne gewonnene Wissen über ihre Bewertung sein. Eine weiterer nicht von Ong aufgeführter Grund liegt in der für den Optionsstillhalter häufig attraktiveren Gewinnspanne, die aus der gegenüber Standard Optionen schlechteren Vergleichbarkeit der exotischen Optionen verschiedener Anbieter resultiert.

Für die Klassifizierung exotischer Optionen gibt es verschiedene Vorschläge. Ong (1996) präsentiert eine sehr ausführliche Gliederung exotischer Optionen, die aber den Nachteil besitzt, daß die Zuordnung nicht eindeutig ist.[9] Verschiedene Optionen können dort mehreren Klassen gleichzeitig zugeordnet werden. Diese Arbeit verwendet deswegen eine Klassifizierung, die sich an Witt (1994) und Rodt, Schäfer (1996) anlehnt. Sie unterscheidet exotische Optionen nach der Anzahl der Basiswerte (einen oder mehrere) und danach, ob Pfadabhängigkeit gegeben ist. Es kommt dadurch zu insgesamt $2 \times 2 = 4$ verschiedenen Klassen exoti-

---

[5] Zur Geschichte des Optionshandels führt Ong (1996), S. 3, aus, daß in den Niederlanden bereits in der ersten Hälfte des 17. Jahrhunderts Standard Optionen auf Tulpenzwiebeln gehandelt wurden. Zu Beginn des 18. Jahrhunderts wurden in Großbritannien Standard Aktienoptionen gehandelt, gegen Ende des 18. Jahrhunderts auch in den USA.

[6] Für eine Beschreibung der wichtigsten kombinierten Strategien vgl. Loistl (1996b), S. 308 ff.

[7] Eine weitere Definition exotischer Optionen wird von Pechtl (1995) vertreten. Nach ihr sind exotische Optionen all die Optionen, die sich nicht als Portfolio aus Digital Optionen erzeugen lassen. Digital Optionen werden in Abschnitt 2.2 dieser Arbeit näher erläutert. Die Definition von Pechtl hat sich in der Literatur nicht durchsetzen können.

[8] Vgl. Ong (1996), S. 7.

[9] Vgl. Ong (1996), S. 10 ff.

scher Optionen, die in der Matrix aus Abbildung 2.1 definiert und mit ihren wichtigsten Vertretern aufgeführt sind.

Anzahl Basiswerte?	Pfadabhängigkeit gegeben?	
	Nein	Ja
Einen	**Pseudoexotische Optionen** Optionswert abhängig vom aktuellen Kurs eines Basiswertes Beispiele: • Digital Optionen • Chooser Optionen • Compound Optionen	**Pfadabhängige Optionen** Optionswert abhängig vom Kursverlauf eines Basiswertes Beispiele: • Barrier Optionen • Lookback Optionen • Average Optionen
Mehrere	**Korrelationsabhängige Optionen** Optionswert abhängig vom aktuellen Kurs mehrerer Basiswerte Beispiele: • Basket Optionen • Rainbow Optionen • Quanto Optionen	**Mischformen** Optionswert abhängig vom Kursverlauf mehrerer Basiswerte Beispiele: • Outside Barrier Optionen

Abbildung 2.1: Klassifizierung exotischer Optionen

2.2 Pseudoexotische Optionen

Von allen Klassen exotischer Optionen ähnelt die Auszahlungsfunktion pseudoexotischer Optionen am stärksten der von Standard Optionen. Wie bei diesen ist der Optionswert nur von einem Basiswert S und auch nur von dessen aktuellem Aktienkurs und nicht der Kursentwicklung in der Vergangenheit abhängig. Aus dieser starken Ähnlichkeit zu Standard Optionen resultiert auch der Name dieser Optionsklasse. Als wichtige Vertreter pseudoexotischer Optionen sollen im folgenden die drei in Abbildung 2.1 aufgeführten Digital, Chooser und Compound Optionen kurz beschrieben werden.

Digital oder Binary Optionen entsprechen noch mehr als alle anderen Optionen einer Wette. Wettinhalt ist, ob der aktuelle Aktienkurs bei Fälligkeit ober- oder unterhalb des Ausübungspreises liegt. Wie weit Aktienkurs und Ausübungspreis voneinander entfernt sind, ist demgegenüber für die Höhe der Auszahlung irrelevant. Die Auszahlungsfunktion und damit der Wert bei Fälligkeit $C(S, T)$ einer Digital Kaufoption hat deshalb die Form

$$(2.3) \qquad C(S, T) = \begin{cases} 1 & \Leftrightarrow & S \geq X \\ 0 & \Leftrightarrow & S < X \end{cases}.$$

Für die Auszahlungsfunktion der ansonsten äquivalenten Verkaufoption müssen nur die Werte Null und Eins vertauscht werden. Aus der Beschränkung der Auszahlungsfunktionen von Digital Optionen auf die beiden Werte Null und Eins resultiert auch die Namenswahl. Sie führt außerdem dazu, daß die jeweiligen Auszahlungsfunktionen an der Stelle $S = X$ - anders als z.B. bei Standard Optionen - nicht stetig sind. Für den Käufer einer Digital Option ist das Investment sinnvoll, wenn er Annahmen über die Richtung der Kursentwicklung nicht aber über deren Ausmaß besitzt. Der Vorteil für den Stillhalter liegt darin begründet, daß ihm der maximale Verlust aus den Optionen bereits vorab bekannt ist.

Chooser Optionen geben ihrem Inhaber ein Wahlrecht. Zum Zeitpunkt T_1 darf er wählen, ob der von ihm gehaltene Chooser in eine Kaufoption oder eine Verkaufoption jeweils mit Fälligkeit T_2 gewandelt werden soll. Er wird dieses Wahlrecht so ausüben, daß er den Wert der erhaltenen Option maximiert. Wenn T_1 den Fälligkeitszeitpunkt des Choosers bezeichnet, so folgt für dessen Optionswert bei Fälligkeit $V(S, T_1)$ die Gleichung

$$(2.4) \qquad V(S, T_1) = \max\big(C(S, T_1), P(S, T_1)\big)$$

wobei $C(S, T_1)$ bzw. $P(S, T_1)$ für den Wert einer Kauf- bzw. Verkaufoption mit Fälligkeit T_2 zum Zeitpunkt T_1 steht. Für einen Anleger ist der Kauf eines Choosers sinnvoll, wenn er starke Ausschläge des Basiswertes erwartet, sich aber noch nicht über die Richtung dieser Ausschläge sicher ist. Grund hierfür könnte z.B. eine noch ausstehende aber bis zum Zeitpunkt T_1 bekannte Entscheidung eines Gerichtes in einem großen Schadensersatzprozeß sein, die sich deutlich auf die Profitabilität und damit die weitere Kursentwicklung der Gesellschaft auswirken wird. In seiner Ausgestaltung ähnelt der Chooser dem Straddle, einem Portfolio aus je einer ansonsten identischen Standard Kauf- und Verkaufoption. Für den Sonderfall $T_1 = T_2$, bei dem der Anleger erst zum Zeitpunkt der Auszahlung entscheiden muß, ob er in eine Kauf- oder eine Verkaufoption wandeln möchte, führen Chooser und Straddle zu identischen Auszahlungen und besitzen deshalb auch zu jedem vorherigen Zeitpunkt den gleichen Wert. In allen anderen Fällen $T_1 < T_2$ führt der Straddle zu einer mindestens gleich hohen eventuell aber auch zu einer höheren Auszahlung als der Chooser und ist deshalb wertvoller.

Ein drittes Beispiel aus der Klasse pseudoexotischer Optionen bilden die Compound Optionen. Sie stellen eine Option mit Ausübungspreis X_1 und Fälligkeit T_1 dar, deren Basiswert eine zweite Option mit Ausübungspreis X_2 und Fälligkeit T_2 auf einen Basiswert S ist. Compound Optionen sind also Optionen auf Optionen, die wie Optionen auf normale Basiswerte dann ausgeübt werden, wenn sie bei Fälligkeit einen positiven inneren Wert besitzen. Da sowohl die erste als auch die zweite auftretende Option jeweils eine Kauf- oder eine Verkaufoption darstellen können, gibt es insgesamt $2 \times 2 = 4$ Ausgestaltungsvarianten. Gleichung (2.5) gibt die Auszahlungsfunktion einer Kaufoption auf eine Kaufoption mit

$$(2.5) \qquad V(S, X_1, T_1) = \left[C(S, X_2, T_1) - X_1 \right]^+ .$$

$C(S, X_2, T_1)$ steht dabei für den Wert einer Standard Kaufoption mit Ausübungspreis X_2 und Fälligkeit T_2 zum Zeitpunkt T_1. Compound Optionen reagieren prozentual noch stärker auf Ausschläge des Basiswertes S als Standard Optionen. Sie sind deswegen besonders für risikofreudige Anleger interessant. Ravindran (1996) gibt aber auch ein Beispiel für die Anwendung einer Compound Option zu Absicherungszwecken.[10] Ein Unternehmen, das sich zum Zeitpunkt T_0 an einer Ausschreibung beteiligt, bei der zum Zeitpunkt T_1 der Anbieter ausgewählt und zum Zeitpunkt T_2 die vom ausgewählten Anbieter erbrachte Leistung in Fremdwährung bezahlt wird, kann zum Zeitpunkt T_0 mit einer Kaufoption auf eine Verkaufoption das gesamte Wechselkursrisiko bis zum Zeitpunkt T_2 vergleichsweise preiswert absichern. Wenn das Unternehmen die Ausschreibung gewinnt und deshalb zum Zeitpunkt T_2 eine Zahlung in Fremdwährung erwartet, ist es in der Lage, diese Zahlung zu den maximalen Kosten von X_1 auf dem Kursniveau X_2 abzusichern. Es kann also die maximalen Absicherungskosten in Höhe von X_1 und den Wechselkurs X_2 bei Erstellung des Angebots bereits berücksichtigen. Zugleich sind die Kosten dieser Absicherungsstrategie für den Fall, daß die Ausschreibung nicht gewonnen wird, auf die Optionsprämie der Compound Option beschränkt. Bei einer nur auf Standard Optionen aufbauenden Absicherungsstrategie hätte das Unternehmen zwei Alternativen. Es könnte das noch nicht sichere Geschäft entweder bereits zum Zeitpunkt T_0 mit einer

Verkaufoption für die gesamte Laufzeit absichern, wäre dann aber, falls es die Ausschreibung nicht gewinnt, teuer überversichert. Oder es würde sich erst zum Zeitpunkt T_1 absichern, kennt dann aber zum Zeitpunkt T_0 der Angebotserstellung die Kosten der Absicherungsstrategie nicht und kann sie deshalb bei der Kalkulation nur abschätzen.

Durch die vergleichsweise einfache Auszahlungsfunktion pseudoexotischer Optionen ist auch ihre Bewertung zumeist recht einfach. Für die aufgeführten Optionen ist es zumindestens bei europäischer Ausgestaltung des Ausübungsrechtes gelungen, die zu den in Kapitel 3 für Standard Optionen behandelten geschlossenen Bewertungsformeln äquivalenten Gleichungen herzuleiten.[11] Auch die Anpassung der ebenfalls in Kapitel 3 behandelten numerischen Bewertungsmethoden auf die bei pseudoexotischen Optionen veränderten Vertragsbedingungen bereitet nur wenig Mühe.[12] Diese Arbeit wird sich deswegen nicht detailliert mit pseudoexotischen Optionen und deren Bewertung beschäftigen.

2.3 Korrelationsabhängige Optionen

Die Vertragsbedingungen korrelationsabhängiger Optionen als zweite Klasse der exotischen Optionen unterscheiden sich bereits deutlicher von den Vertragsbedingungen von Standard Optionen. Der Optionswert ist hier zwar ebenfalls nur vom aktuellen Kurs und nicht der vergangenen Kursentwicklung des Basiswertes abhängig, dafür gibt es aber mehrere Basiswerte, deren Ausprägungen bei der Bewertung zu berücksichtigen sind. Aus dieser Berücksichtigung mehrerer Basiswerte und deren Korrelation untereinander folgt auch der Name dieser Optionsklasse. Die drei wichtigsten Vertreter korrelationsabhängiger Optionen sollen im folgenden erläutert werden. Dabei stehen $S_1, S_2 \dots S_n$ für die Kurse der insgesamt n verschiedenen Basiswerte und $\alpha_1, \alpha_2, ..., \alpha_n$ für die zugehörigen n Gewichtungsfaktoren.

Basket Optionen sind Optionen auf einen Korb von Basiswerten. Die aus der Option resultierende Zahlung und damit auch der Optionswert bestimmen sich nicht nur aus dem aktuellen

---

[10] Vgl. Ravindran (1996), S. 65 ff.

[11] Vgl. Rubinstein, Reiner (1991b) für Digital Optionen, Rubinstein (1991a) für Chooser Optionen und Geske (1979) für Compound Optionen.

[12] Zur Erklärung analytischer und numerischer Methoden der Optionsbewertung und ihren Unterschieden siehe Kapitel 3.

Kurs eines Basiswertes sondern aus dem gewichteten Mittel der Kurse mehrerer Basiswerte. Basket Kaufoptionen besitzen deshalb die Auszahlungsfunktion

$$(2.6) \qquad C(S_1, S_2, ..., S_n, T) = \left[\sum_{i=1}^{n} \alpha_i S_i - X \right]^{+},$$

bei Verkaufoptionen vertauscht sich die Reihenfolge von gewichtetem Mittel und Ausübungspreis. Basket Optionen sind interessant für Anleger, die eine Sonderentwicklung einer Gruppe von Aktien erwarten. Ein Investor, der z.b. eine Sonderkonjunktur der Automobilbranche erwartet, kann statt über ein Portfolio aus Aktien oder Standard Optionen auch mit einer Basket Kaufoption auf einen Korb von Automobilaktien an einer erfolgreichen Entwicklung dieses Marktsegmentes teilhaben. Basket Optionen eröffnen ihm aber auch die Möglichkeit, ein vorhandenes und auf Automobilaktien fokussiertes Portfolio vergleichsweise preiswert gegen mögliche Kursverluste abzusichern.

Rainbow Optionen berücksichtigen ebenfalls die Kursentwicklung einer Gruppe von Aktien. In die Auszahlungsfunktion gehen hier aber nicht alle Aktien mit einem vorab bestimmten Anteil ein, sondern je nach Ausgestaltung nur die Aktie mit dem höchsten oder niedrigsten gewichteten Kurs. Rainbow Optionen gibt es in den beiden Varianten als Best bzw. Worst of n Assets or Cash. Die Auszahlungsfunktion einer Best of n Assets or Cash Option lautet

$$(2.7) \qquad V(S_1, S_2, ..., S_n, T) = \max\left(\alpha_1 S_1, \alpha_2 S_2, ..., \alpha_n S_n, X\right).$$

Bei einer Worst of n Assets or Cash Option wird nur die Maximum- durch die Minimum-Funktion ersetzt. Rainbow Optionen sind interessant für Anleger, die erwarten, daß sich eine aus einer Gruppe von Aktien besonders positiv entwickeln wird, die aber nicht genau wissen welche der Aktien dies sein wird. Grund hierfür könnte z.B. sein, daß eine Gruppe von Pharmafirmen an einem ähnlichen Wirkstoff gegen eine Krankheit forscht, daß aber nur die als erste erfolgreiche Firma mit hohen zusätzlichen Gewinnen aus ihrem Medikament rechnen kann, oder, daß mehrere Unternehmen sich konkurrierende technische Standards an einem Markt durchsetzen wollen, daß aber auch hier nur die siegreiche Firma hohe Profite aus ihrer Technologie erwarten kann. Bei einer nur auf Standard Optionen beschränkten Anlagestrategie wäre der Investor gezwungen, sich entweder bereits vorab auf nur eine Firma zu konzentrieren und damit den potentiellen Gewinner unter Umständen nicht zu berücksichtigen, oder alternativ in Optionen auf alle Firmen zu investieren und damit zwar sicher auf den Gewinner aber eben auch sicher auf alle Verlierer zu setzen.

Als letzte Gruppe korrelationsabhängiger Optionen sollen Quanto Optionen behandelt werden. Sie unterscheiden sich von den zuvor behandelten Basket und Rainbow Optionen dadurch, daß hier die Auszahlungsfunktion zwar nur vom aktuellen Kurs eines Basiswertes abhängig ist, daß der Optionswert aber dennoch vom Kurs zweier Basiswerte bestimmt wird. Der Grund hierfür ist, daß Quantos Optionen auf in Fremdwährung notierte Basiswerte darstellen, bei denen die Auszahlung aber in heimischer Währung erfolgt. Durch diese Konstruktion ist neben der Kursentwicklung des eigentlichen Basiswertes auch die der Fremdwährung von Bedeutung. Wenn S_1 den in Fremdwährung notierten Kurs des Basiswertes und S_2 den Wechselkurs der Fremdwährung in Einheiten der heimischen Währung darstellt, so lautet die Auszahlungsfunktion einer Quanto Kaufoption

$$(2.8) \qquad C(S_1, S_2, T) = S_2(0) \times \left[S_1(T) - X \right]^+ .$$

Bei einer Quanto Verkaufoption ist nur die Reihenfolge von $S_1(T)$ und X vertauscht. Bei Quantos werden also die Fremdwährungserlöse des Zeitpunktes T statt zum aktuellen Wechselkurs $S_2(T)$ zu dem bei Kauf der Option gültigen Wechselkurs $S_2(0)$ umgetauscht.[13] Sie entsprechen deswegen dem Terminverkauf einer erst bei Fälligkeit der Option bestimmten Menge Fremdwährung zu einem bereits vorab bestimmten Wechselkurs. Aus diesem Grund sind Quantos insbesondere für Anleger interessant, die an antizipierten Kursentwicklungen eines in Fremdwährung notierten Basiswertes profitieren wollen, die dabei aber kein Wechselkursrisiko tragen wollen.

Korrelationsabhängige Optionen sind wegen der zusätzlich zu berücksichtigenden Basiswerte deutlich aufwendiger zu bewerten als Standard Optionen. Zahlreiche Arbeiten haben sich aber sowohl mit der analytischen als auch mit der numerischen Bewertung dieser Optionen beschäftigt, so daß bereits für alle in dieser Arbeit aufgeführten Optionen Bewertungsvor-

---

[13] Es gibt auch Quanto Varianten, bei denen statt des Wechselkurses $S_2(0)$ doch der aktuelle Wechselkurs $S_2(T)$ zum Tausch der aus der Option resultierenden Fremdwährungszahlung gewählt wird. Man spricht dann von einem unechten oder Flexible Exchange Quanto.

schläge existieren.[14] Diese Arbeit wird sich im weiteren nicht detailliert mit korrelationsabhängigen Optionen beschäftigen.

2.4 Pfadabhängige Optionen

Die Vertragsbedingungen pfadabhängige Optionen berücksichtigen zwar nur einen Basiswert, dafür aber nicht nur dessen aktuellen Kurs sondern auch seine Kursentwicklung während der Laufzeit der Option. Für die Höhe der aus pfadabhängigen Optionen resultierenden Zahlung ist also nicht nur relevant, welches Kursniveau der Basiswert bei Fälligkeit annimmt, sondern auch, auf welchem Pfad er dorthin gelangt ist. Dabei kann die vergangene Kursentwicklung zumeist in einem Wert zusammengefaßt werden. Für die drei in Abbildung 2.1 aufgeführten Optionen ist das entweder der maximale, der minimale oder der durchschnittliche aufgetretene Kurs.

Durch zusätzliche Berücksichtigung der Vergangenheit des Aktienkurses ist die Bewertung pfadabhängiger Optionen vergleichsweise kompliziert. Selbst für die europäische Ausgestaltung der Option sind nicht für alle in Abbildung 2.1 aufgeführten Optionen geschlossene Bewertungsformeln bekannt. Und bei gegenüber Standard Optionen nicht ausreichend angepaßter Anwendung numerischer Bewertungsmethoden kommt es häufig entweder zu Ergebnissen mit nur unbefriedigender Genauigkeit oder aber zu sehr langen Rechenzeiten. Da pfadabhängige Optionen aber zu den besonders häufig gehandelten Optionen gehören, wird sich diese Arbeit in den Kapiteln 4 bis 6 detailliert mit den in Abbildung 2.1 aufgeführten Barrier, Lookback und Average Optionen beschäftigen. In diesem Abschnitt begnügt sich diese Arbeit demgegenüber auf eine kurze Beschreibung der drei Optionsvarianten ohne alle Ausgestaltungsvarianten mit Auszahlungsfunktion und Einsatzgebiet zu beschreiben.

Barrier Optionen gehören zu den Optionen, deren Auszahlung vom maximalen oder minimalen Aktienkurs während der Optionslaufzeit abhängt. Je nach Ausgestaltung der Barrier Option findet eine Auszahlung in Höhe der ansonsten äquivalenten Standard Option bei ihnen nur dann statt, wenn dieser Extremkurs ober- oder unterhalb einer vorab vereinbarten Schranke

---

[14] Vgl. Corwin, Boyle, Tan (1996) für Basket Optionen, Stultz (1982) und Boyle, Tse (1990) für Rainbow Optionen und Derman, Karasinski, Wecker (1990) und Rubinstein (1991c) für Quanto Optionen.

liegt. Auch Lookback Optionen sind vom maximalen oder minimalen Aktienkurs abhängig. Hier bestimmt der jeweilige Extremkurse aber nicht nur, ob überhaupt eine Zahlung stattfindet, sondern zugleich auch deren Höhe. Er ersetzt dafür in der Auszahlungsfunktion von Standard Optionen entweder den aktuellen Aktienkurs oder den Ausübungspreis. In dieser Hinsicht ähneln sich Average und Lookback Optionen. Der einzige Unterschied zwischen ihnen ist, daß der aktuelle Aktienkurs oder der Ausübungspreis bei Average Optionen nicht durch einen Extremwert sondern durch das arithmetische Mittel aller Kurse des Basiswertes ersetzt werden.

2.5 Mischformen

Optionen der vierten und letzten Klasse exotischer Optionen mischen korrelations- mit pfadabhängigen Eigenschaften. Bei ihnen ist der Optionswert zugleich von mehreren Basiswerten und vom Kursverlauf mindestens eines dieser Basiswerte abhängig. Durch diese Kombination pfad- und korrelationsabhängiger Eigenschaften gestaltet sich die Optionsbewertung vergleichsweise kompliziert. Gleichzeitig ist aber auch der Spielraum bei ihrer Gestaltung sehr groß. Zur Konstruktion neuer Optionsarten können z.B. die in Abbildung 2.1 aufgeführten korrelationsabhängigen Vertragseigenschaften Basket/Rainbow/Quanto beliebig mit den pfadabhängigen Vertragseigenschaften Barrier/Lookback/Average kombiniert werden; bei einer Basket Average Option z.B. wäre die Auszahlung vom durchschnittlichen Kurs eines Korbes von Aktien abhängig. Aus der Vielzahl denkbarer Optionen mit gleichzeitig korrelations- und pfadabhängigen Vertragseigenschaften konnten sich bislang noch keine typischen Vertreter herauskristallisieren. Diese Optionen sind deshalb in der Literatur bislang kaum behandelt worden. Eine Ausnahme bildet die Arbeit von Heynen, Kat (1994) über Outside Barrier Optionen. Bei diesen Optionen mit zwei Basiswerten bestimmt der erste Basiswert S_1 wie bei Barrier Optionen, ob überhaupt eine Auszahlung stattfindet, während der zweite Basiswert S_2 wie bei Standard Optionen für die Höhe der eventuellen Auszahlung relevant ist. Der Spezialfall einer Up+Out Kaufoption mit Barrier H hat deswegen die Auszahlungsfunktion

$$(2.9) \qquad C(M_1, S_2, T) = \begin{cases} [S_2 - X]^+ & \Leftrightarrow & M_1 < H \\ 0 & \Leftrightarrow & M_1 \geq H \end{cases}$$

wobei M_1 für den maximalen Kurs des ersten Basiswertes während der Laufzeit der Option steht, d.h.

$$(2.10) \qquad\qquad M_1 = \max_{0 \leq \tau \leq T} \{S_1(\tau)\} .$$

Heynen, Kat geben als Beispiel für eine solche Option eine von Bankers Trust International in 1993 strukturierte Kaufoption auf einen Korb belgischer Aktien, die wertlos verfällt, falls der Kurs des belgischen Franc ein bestimmtes Kursniveau nach oben durchbricht.[15]

Für die Untersuchung exotischer Optionen mit gleichzeitig korrelations- und pfadabhängigen Vertragskomponenten ist eine detaillierte Behandlung nur korrelations- bzw. nur pfadabhängiger Optionen hilfreich. Gleichzeitig haben sich wegen der Vielfalt der möglichen Vertragseigenschaften noch keine wichtigsten Vertreter dieser Optionsklasse hervorgetan. Diese Arbeit wird sich deswegen auch mit Mischformen nicht weiter beschäftigen. Statt dessen sollen mit einer grundlegenden Behandlung der wichtigsten pfadabhängigen Vertragseigenschaften aus Abbildung 2.1 eine wichtige Teilgruppe exotischer Optionen detailliert untersucht und gleichzeitig die Grundlagen für die Betrachtung gemischter Optionen aufgebaut werden.

---

[15] Heynen, Kat geben nicht an, gegen welche Währung der belgische Franc ein Kursniveau nach oben durchbrechen muß. Da belgische Aktien in der Regel in Belgischen Francs notiert werden, könnte man auch von einer Kaufoption auf belgische Aktien sprechen, die verfällt, wenn der Wechselkurs dieser Vergleichswährung zum Belgischen Franc die Barrier nach unten durchbricht. Die von Bankers Trust International strukturierte Option ist im übrigen noch aufwendiger als die hier behandelte Outside Barrier Option, da der zweite Basiswert aus einer Gruppe von Basiswerten besteht.

3 Die Bewertung von Standard Optionen

3.1 Die Optionsbewertungsdifferentialgleichung

Bevor in den folgenden Kapiteln die verschiedenen exotischen Optionen beschrieben und be-wertet werden, soll in diesem Kapitel durch die Behandlung von Standard Optionen eine Grundlage gelegt werden. Dafür wird in diesem Absatz der zugrundeliegende Bewertungs-rahmen beschrieben und die Optionsbewertungsdifferentialgleichung hergeleitet, bevor in den folgenden Abschnitten insgesamt fünf häufig verwandte analytische und numerische Lö-sungsmethoden vorgestellt werden.

Der in dieser Arbeit verwandte Bewertungsrahmen geht auf Black, Scholes (1973) zurück. Er beinhaltet die folgenden vier Annahmen[1]:

- Der Kurs des Basiswertes folgt einer geometrischen Brown'schen Bewegung[2].
- Der risikofreie Zinssatz sowie die Dividendenrendite und die Volatilität des Basiswertes sind bekannt und über die Optionslaufzeit konstant.
- Es liegen perfekte Märkte vor: Geldanlage und Kreditaufnahme zum risikofreien Zinssatz sowie Leerverkäufe sind in jedem gewünschten Umfang möglich. Es fallen keine Steuern oder Transaktionskosten an.
- Der Handel in Wertpapieren erfolgt kontinuierlich in Zeit und Menge.

Um auch Devisenoptionen zu berücksichtigen, wird dabei aber anders als bei Black, Scholes eine kontinuierliche Dividendenrendite des Basiswertes angenommen. Garman, Kohlhagen (1983) haben gezeigt, daß die Ergebnisse von Aktienoptionen auf Devisenoptionen übertragen werden können, wenn als Dividendenrendite der ausländische Zinssatz gewählt wird. Als Basiswerte können bei dem verfolgten Ansatz deshalb neben Aktien auch Devisen und Roh-stoffe betrachtet werden. Wenn in dieser Arbeit dennoch häufig nur von Aktienkursen ge-

---

[1] Die Anzahl aber nicht der Gehalt der Annahmen unterscheidet sich sowohl von Black, Scholes (1973) als auch von Hull (1997), S. 235 f., oder Weßels (1992), S. 25, die Optionen im gleichen Rahmen bewerten. Der Grund hierfür ist zum einen die im folgenden näher erläuterte Einführung einer konstanten Dividendenrendite, zum anderen die in dieser Arbeit verwandte Bedingung eines perfekten Marktes, die mehrere Bedingungen anderer Arbeiten zusammenfaßt.

sprochen wird, so geschieht dies aus Gründen der einfacheren Notation. Anders als kontinuierliche Dividendenraten werden diskrete Dividenden in dieser Arbeit nur am Rande behandelt. Ihre Auswirkung auf die Bewertung von Optionen ist z.B. bei Weßels (1992) ausführlich untersucht worden.[3]

Die folgende Herleitung der Optionsbewertungsdifferentialgleichung orientiert sich an dem
Vorgehen in Hull (1997).[4] Sie wird beschrieben, um die Grundlage für die spätere Bestimmung der Differentialgleichungen exotischer Optionen zu bilden, und wegen der in dieser
Arbeit verwandten konstanten Dividendenrendite. Ausgangspunkt für die Herleitung ist die
erste Modellannahme. Aus ihr folgt, daß der Kursprozeß des Basiswertes $S(t)$ über die Zeit t
die funktionale Form

(3.1) $$dS = \mu S dt + \sigma S dz$$

besitzt. Dabei beschreibt μ die erwartete lokale Zuwachsrate des Basiswertes, σ dessen Volatilität und z die Brown'sche Bewegung. Unter der Verwendung des Ito Lemmas folgt für
Veränderungen des Optionswert $V(S, t)$[5]

(3.2) $$dV = \left(\frac{\partial V}{\partial S} \mu S + \frac{\partial V}{\partial t} + \frac{1}{2} \frac{\partial^2 V}{\partial S^2} \sigma^2 S^2 \right) dt + \frac{\partial V}{\partial S} \sigma S dz \,.$$

Die Idee von Black und Scholes war es, ein Portfolio aus Basiswert und Option zu konstruieren, dessen Wert innerhalb eines kurzen Zeitraumes nur von der Zeit und nicht von Veränderungen des Aktienkurses abhängt. Dieses Portfolio besteht aus einer leerverkauften Option
und $\partial V / \partial S$ Basiswerten. Es hat demnach den Wert

(3.3) $$\Pi = -V(S,t) + \frac{\partial V}{\partial S} S \,.$$

Die Wertänderung dieses Portfolios innerhalb eines kurzen Zeitintervalls Δt entspricht der
Wertänderung beider Portfoliopositionen plus der aus der Aktie resultierenden Dividendenzahlung, es gilt also [6]

---

[2] Für eine detaillierte Erklärung Brown'scher Bewegungen vgl. Dothan (1990), S. 164 ff.
[3] Vgl. Weßels (1992), S. 126 ff.

$$(3.4) \qquad \Delta\Pi = -\Delta V + \frac{\partial V}{\partial S}\Delta S + \frac{\partial V}{\partial S}Sq\Delta t\,.$$

Wenn in dieser Gleichung ΔS und ΔV durch die diskretisierten Versionen von (3.1) und (3.2) ersetzt werden, folgt für die Wertänderung des Portfolios die neue Gleichung

$$(3.5) \qquad \Delta\Pi = -\frac{\partial V}{\partial t}\Delta t - \frac{1}{2}\frac{\partial^2 V}{\partial S^2}\sigma^2 S^2 \Delta t + \frac{\partial V}{\partial S}Sq\Delta t\,.$$

Entsprechend der Intention ist die Wertänderung des Portfolios innerhalb eines kleinen Zeitintervalls unabhängig von der stochastischen Komponente z. Um Arbitragemöglichkeiten zu verhindern, muß deshalb die sichere Wertänderung des Portfolios den Zinsen entsprechen, die man bei risikoloser Anlage des Portfoliowertes über den gleichen Zeitraum verdient hätte. Sie beträgt deshalb

$$(3.6) \qquad \Delta\Pi = \Pi r\Delta t\,.$$

Wenn in (3.6) Π durch dessen Wert aus (3.3) ersetzt und das Ergebnis anschließend mit (3.5) gleichgesetzt wird, so erhält man die Differentialgleichung

$$(3.7) \qquad \frac{\partial V}{\partial t} + (r-q)S\frac{\partial V}{\partial S} + \frac{1}{2}\sigma^2 S^2\frac{\partial^2 V}{\partial S^2} = rV\,.$$

Dies ist die Optionsbewertungsdifferentialgleichung, die zu jedem Zeitpunkt von allen Optionen erfüllt wird, deren Wert wie bei Standard und pseudoexotischen Optionen nur vom aktuellen Kurs eines Basiswertes und von der Zeit abhängt. Bei Optionen, deren Wert noch von weiteren Basiswerten oder von der Vergangenheit mindestens eines Basiswertes abhängt, gestaltet sich die entsprechende Optionsbewertungsdifferentialgleichung zum Teil aufwendiger.

Zusammen mit den Randwertbedingungen, die den Optionswert bei Fälligkeit sowie bei sehr hohen bzw. sehr niedrigen Kursen des Basiswertes bestimmen, beschreibt (3.7) das Problem der Bewertung europäischer Standard Optionen vollständig. Optionen amerikanischen Typs

---

[4] Vgl. Hull (1997), S. 235 ff.
[5] Für eine detaillierte Behandlung des Ito Lemmas vgl. Dothan (1990), S. 193 f.
[6] An dieser Stelle unterscheidet sich das Vorgehen wegen der in dieser Arbeit angenommenen kontinuierlichen Dividendenrate von dem bei Hull (1997), S. 238.

besitzen zusätzlich noch eine Ausübungsbedingung, die besagt, daß der Optionswert zu jedem Zeitpunkt mindestens der Zahlung bei Ausüben der Option entsprechen muß. Für eine amerikanische Kaufoptionen lautet diese Ausübungsbedingung deshalb

(3.8) $$V(S,t) \geq [S - X]^+.$$

Beim Lösen der Optionsbewertungsdifferentialgleichung kann ein analytischer oder numerischer Lösungsansatz gewählt werden. Beide Ansätze werden im folgenden dargestellt.

3.2 Analytische Lösungsansätze

3.2.1 Geschlossene Lösungsformeln

Bei der geschlossenen Lösung der Optionsbewertungsdifferentialgleichung kann auf zwei Wegen vorgegangen werden.[7] Der erste von Black und Scholes eingeschlagene Weg löst die Differentialgleichung unter Verwendung von Neben- und Randbedingungen direkt. In der Regel wird dabei die Optionsbewertungsdifferentialgleichung zuerst in die aus der Physik bekannte Wärmeleitgleichung transformiert.[8] Deren bekannte geschlossene Lösung kann anschließend wieder zurück transformiert werden und ergibt so die Black, Scholes Formeln zur Bewertung europäischer Kauf- oder Verkaufoptionen. Eine detaillierte Behandlung dieser Vorgehensweise findet man z.B. bei Wilmott, Dewynne, Howison (1995).[9]

Ein zweiter Lösungsweg geht auf Cox, Ross (1976) zurück und nutzt elegant die ökonomische Struktur des Problems. Da die Optionsbewertungsdifferentialgleichung keine von den Riskopräferenzen des einzelnen Investors abhängigen Parameter enthält, haben Cox und Ross gefolgert, daß der Optionswert im Modell von Black Scholes gerade dem Wert entsprechen muß, den ein risikoneutraler Investor der Option zubilligt. Der Wert einer Option gleicht dann dem mit dem risikolosen Zinssatz diskontierten Erwartungswert der aus der Option re-

---

[7] Die Begriffe geschlossene und analytische Lösung werden in dieser Arbeit synonym genutzt.

[8] Die Wärmeleitgleichung beschreibt den Fluß von Wärme in einem perfekt isolierten dünnen Stab. Zu ihrer Lösung wird neben der Anfangstemperatur des gesamten Stabes auch die Temperatur an beiden Rändern benötigt. Diese Informationen entsprechen den Randwertbedingungen der Option. Die Wärmeleitgleichung ist ausführlich bei Richtmyer, Morton (1967), S. 4 ff., behandelt.

sultierenden Auszahlung. Diese Herleitung der Black, Scholes Formeln kann bei Loistl (1996a) gefunden werden.[10]

Die Black, Scholes Formel bei kontinuierlicher Dividendenrate auf den Basiswert lautet für europäische Kaufoptionen

$$(3.9) \qquad C(S,t) = Se^{-q(T-t)} N(d_1) - Xe^{-r(T-t)} N(d_2)$$

und für eine europäische Verkaufoption

$$(3.10) \qquad P(S,t) = Xe^{-r(T-t)} N(-d_2) - Se^{-q(T-t)} N(-d_1)$$

mit

$$(3.11) \qquad d_1 = \frac{\ln(S/X) + (r - q + \sigma^2/2)(T-t)}{\sigma\sqrt{T-t}}$$

$$(3.12) \qquad d_2 = \frac{\ln(S/X) + (r - q - \sigma^2/2)(T-t)}{\sigma\sqrt{T-t}} = d_1 - \sigma\sqrt{T-t}$$

wobei $N(x)$ für den Wert der Standardnormalverteilung an der Stelle x steht. Für eine europäische Verkaufoption mit den Parametern $S = 100$, $X = 90$, $\sigma = 25\%$, $T = \frac{1}{2}$, $r = 10\%$ und $q = 5\%$ folgt aus diesen Gleichungen ein analytischer Optionswert von 2,16.

Für amerikanische Optionen sind wegen der zusätzlichen Ausübungsbedingung in den seltensten Fällen geschlossene Formeln bekannt. Die Ausnahme bilden Kaufoptionen auf Aktien ohne kontinuierliche Dividendenrate. Falls auf den Basiswert innerhalb der Laufzeit der Option auch keine diskreten Dividenden gezahlt werden, hat Merton (1973) gezeigt, daß amerikanische Kaufoptionen nicht vor Ende der Laufzeit ausgeübt werden. Ihr Wert muß deshalb dem der ansonsten äquivalenten europäischen Option entsprechen. Falls diskrete Dividenden gezahlt werden, hat Roll (1977) gezeigt, daß amerikanische Kaufoptionen vorzeitig nur unmittelbar vor einem Dividendentermin ausgeübt werden. Über ein numerisches Verfahren ist es dann möglich, den Kurs des Basiswertes zu bestimmen, ab dem vorzeitiges Ausüben sinn-

---

[9] Vgl. Wilmott, Dewynne, Howison (1995), S. 97 ff.
[10] Vgl. Loistl (1996a), S. 187 ff.

voll ist.[11] In einem nächsten Schritt kann der Auszahlungsstrom der amerikanischen Option durch ein Portfolio aus europäischen Standard und Compound Optionen dupliziert werden, so daß auch der bekannte Wert des europäischen Portfolios dem der amerikanischen Option entsprechen muß.[12, 13] Da amerikanische Verkaufoptionen selbst ohne Dividendenrate zu jedem Zeitpunkt eine positive Ausübungswahrscheinlichkeit besitzen, sind ihre analytischen Lösungen nicht bekannt.[14]

3.2.2 Analytische Approximationen

Die aufgeführten Probleme bei der Bewertung amerikanischer Optionen haben zur Entwicklung analytischer Approximationen geführt. Diese greifen auf die bekannten geschlossenen Bewertungsformeln europäischer Optionen zurück, um den Wert der äquivalenten amerikanischen Option zu schätzen. Von den zwei wichtigsten Ansätzen wurde der erste von Johnson (1983) entwickelt und von Blomeyer (1986) erweitert. Beide Autoren habe den Wert amerikanischer Verkaufoptionen durch das gewichtete Mittel von zuvor bestimmten unteren und oberen Wertgrenzen approximiert. Die funktionale Form der Gewichte wurden aus Regressionen numerisch berechneter Werte amerikanischer Optionen ermittelt. Der zweite Ansatz stammt von Macmillan (1986) und Barone-Adesi, Whaley (1987). Er nutzt, daß mit dem Wert europäischer und amerikanischer Optionen auch der Wert des Ausübungsrechtes als deren Differenz die Optionsbewertungsdifferentialgleichung erfüllt. Nach Transformation und Vernachlässigen einer Ableitung ist es für das Ausübungsrecht möglich, diese Differentialgleichung zu lösen. Die resultierende Schätzung baut dabei auf die numerische Bestim-

---

[11] Da dieser Lösungsansatz auf ein numerisches Verfahren aufbaut, erscheint seine Einordnung in den Kontext geschlossener Lösungen fragwürdig. Es muß jedoch angemerkt werden, daß auch die zuvor beschriebenen Formeln europäischer Optionen auf die numerische Bestimmung der Werte der Standardnormalverteilung angewiesen sind. Jede analytische Lösung ist deshalb letztendlich eine auf numerische Lösungen angewiesene Approximation.

[12] Die geschlossene Bewertung von Compound Optionen ist in Geske (1979a) hergeleitet.

[13] Geske (1979b) hat gezeigt, daß die direkte Bewertung dieser amerikanischen Optionen ohne Einsatz eines duplizierenden Portfolios möglich ist und zu einer einfacheren Formel führt. Auch dieser Ansatz ist auf die numerische Bestimmung des Aktienkurses angewiesen, ab dem Ausüben sinnvoll ist. Whaley (1981) hat auf Ungenauigkeiten in den Arbeiten von Roll und von Geske hingewiesen und diese korrigiert.

[14] Geske, Johnson (1984) umgehen das Problem der positiven Ausübungswahrscheinlichkeit zu jedem Zeitpunkt, indem sie Verkaufoptionen bewerten, bei denen Ausübung nur zu bestimmten vorab definierten Zeitpunkten zulässig ist. Den Wert einer Option, die zu jedem Zeitpunkt ausgeübt werden kann, schätzen sie mittels Extrapolation aus mehreren zuvor bestimmten Optionswerten.

mung des Kurses auf, ab dem die amerikanische Option zum Bewertungszeitpunkt ausgeübt würde.

Analytische Approximationen sind auf recht geringe Rechenzeiten angewiesen und führen zumeist auch zu Ergebnissen, die sehr nah an den wahren Werten liegen. Ihre Anwendung ist deshalb auch bei exotischen Optionen verbreitet, bedingt aber für jede Optionsart grundsätzlich neue Überlegungen zur Form einer sinnvollen Approximation.[15] Als zusätzliche Nachteile analytischer Approximationen müssen die verbleibenden Ungenauigkeit für zahlreiche Parameterkonstellationen und die fehlende modelltheoretische Geschlossenheit aufgeführt werden.[16]

3.3 Numerische Lösungsansätze

3.3.1 Das Binomialmodell

Das Binomialmodell wurde unabhängig und gleichzeitig von Cox, Ross, Rubinstein (1979) und Rendleman, Bartter (1979) entwickelt. Anders als im Modell von Black, Scholes (1973) können Wertpapiere hier nicht kontinuierlich sondern nur zu diskreten äquidistanten Zeitpunkten gehandelt werden. Zusätzlich kann auch der Basiswert S ausgehend vom aktuellen Kurs eines Handelszeitpunktes nur einen von zwei möglichen Kursen zum nächsten Zeitpunkt annehmen. Entweder der Kurs steigt um $(u-1)S$ auf uS oder er sinkt um $(1-d)S$ auf dS.

Zur Bewertung von Optionen konstruieren Cox, Ross und Rubinstein zu jedem Handelszeitpunkt ein Portfolio aus Basiswert und risikofreier Anleihe, dessen Wert zum nächsten Handelszeitpunkt unabhängig vom aktuellen Kurs des Basiswertes genau dem Wert der Option entspricht.[17] Wenn V_u bzw. V_d die Optionswerte zum nächsten Handelszeitpunkt bei den dann möglichen Aktienkursen uS bzw. dS bezeichnen, und wenn zwischen zwei Zeitpunkten die

---

[15] Zur Anwendung analytischer Approximationen bei der Bewertung exotischer Optionen vgl. Kapitel 6 über Average Optionen.
[16] Simulationsrechnungen bei Barone-Adesi, Whaley (1987) bestätigen Ungenauigkeiten analytischer Approximationsmethoden für ausgewählte Parameterkonstellationen.
[17] Die folgende Herleitung des Bewertungsalgorithmus von Optionen im Binomialmodell unterscheidet sich von der bei Cox, Ross und Rubinstein durch die in dieser Arbeit verwendete kontinuierliche Dividendenrendite.

risikolose Verzinsung $r_N = \exp(rT/N)$ und die Dividendenrendite $q_N = \exp(qT/N)$ beträgt,

so besteht das Portfolio aus $(V_u - V_d)\big/((u-d)S)$ Basiswerten und $\dfrac{(u+q_N)V_d - (d+q_N)V_u}{(u-d)r_N}$

risikolosen Anleihen. Wie im Modellrahmen von Black, Scholes muß der aktuelle Wert des Portfolios aus Arbitragegründen dem der Option entsprechen, solange diese nicht ausgeübt wird. Hieraus resultieren nach Berechnung des Portfoliowertes die Bewertungsgleichungen für den Wert europäischer

$$(3.13) \qquad V = \left(pV_u + (1-p)V_d\right)\frac{1}{r_N}$$

und amerikanischer

$$(3.14) \qquad V = \max\left(\left(pV_u + (1-p)V_d\right)\frac{1}{r_N}, S - X\right)$$

Kaufoptionen, wobei in beiden Gleichungen

$$(3.15) \qquad p = \frac{1 + r_N - q_N - d}{u - d}$$

ist. Während Gleichung (3.13) gleichermaßen für Kauf- und Verkaufoptionen gilt, muß in (3.14) für Verkaufoptionen der innere Wert einer Kaufoption $S - X$ durch den einer Verkaufoption $X - S$ ersetzt werden. Unter Berücksichtigung der Endwertbedingung genügen die Gleichungen (3.13) bis (3.15), um den Optionswert rekursiv zu jedem Handelszeitpunkt zu berechnen.

Abbildung 3.1 stellt dieses Vorgehen für die bereits in Abschnitt 3.2.1 analytisch bewertete europäische Verkaufoption dar. Ausgangspunkt der Berechnung ist ein Binomialbaum, dessen oberer Wert in jedem Knoten durch den aktuellen Kurs des Basiswertes belegt wird. Im Beispiel sind das bei einem Ausgangskurs von 100,00 und den in der Abbildung aufgeführten Binomialparametern Werte zwischen 64,86 und 154,19. Die Optionswerte, die den unteren Knotenwert belegen, können zum letzten Handelszeitpunkt direkt aus der Endwertbedingung $P(S,T) = [X - S]^+ = [90 - S]^+$ bestimmt werden. Zu allen vorherigen Zeitpunkten werden sie sukzessive mittels Gleichung (3.13) bestimmt. Der Binomialbaum wird also erst von links

22

nach rechts mit Aktienkursen und anschließend von rechts nach links mit Optionswerten gefüllt. Als Ergebnis resultiert ein Optionswert von 2,29. Wegen der im folgenden noch näher zu erläuternden Berechnung der Binomialparameter nach den Gleichungen (3.16) und (3.17) unter Berücksichtigung der europäischen Verkaufoption aus Abschnitt 3.2.1 liegt dieses Ergebnis in der Nähe des mittels Gleichung (3.10) bestimmten analytischen Optionswertes 2,16.

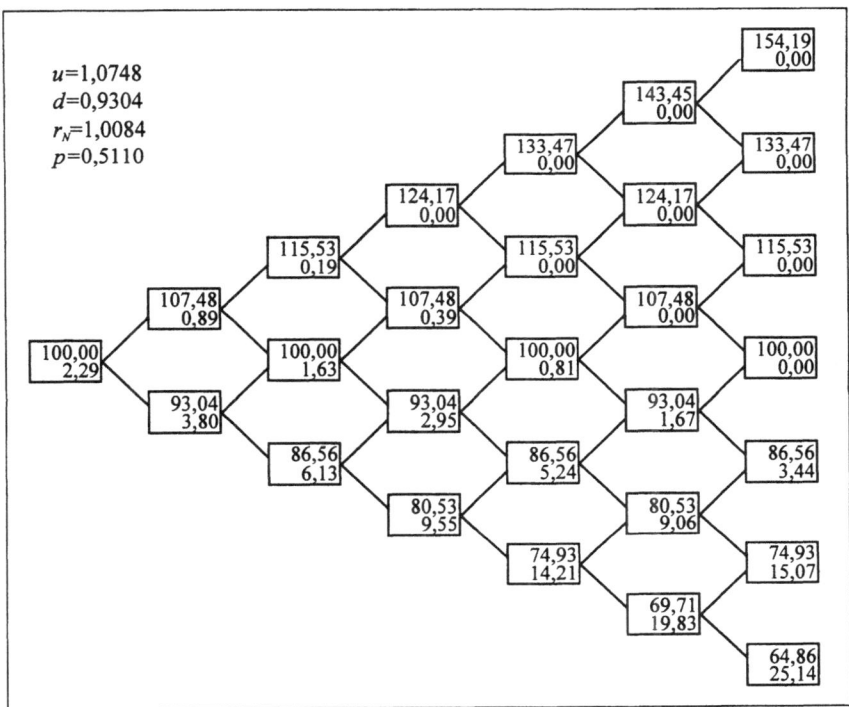

Abbildung 3.1: Binomialbaum einer europäischen Verkaufoption

Aus Abbildung 3.1 wird eine Eigenschaft von Standard Optionen deutlich, die ihre Bewertung im Binomialmodell stark vereinfacht. Ausgehend von zwei benachbarten Knoten eines Handelszeitpunktes wird bei entgegengesetzter Entwicklung der Aktienkurse zum nächsten Handelszeitpunkt wieder ein gemeinsamer Knoten erreicht. Dieser Aufbau des Binomialbaums ist möglich, da Standard Optionen pfadunabhängig sind. Ihr Optionswert ist nur vom aktuellen Kurs des Basiswertes und nicht von dessen in der Vergangenheit aufgetretenen Kursen abhängig. Dies führt dazu, daß bei Unterteilung der Laufzeit in N äquidistante Zeitintervalle lediglich $(N+1)(N+2)/2$ statt $(2^{N+1}-1)$ Optionswerte berechnet werden müssen. Zu welchen Unterschieden das führt macht ein Beispiel deutlich. Für $N=100$ reduziert Pfadabhängigkeit die Anzahl der zu berechnenden Optionswerte von über 2×10^{30} auf lediglich 5.151.

Für europäische Optionen haben Cox, Ross und Rubinstein neben dem rekursiven Algorithmus auch eine geschlossene Lösung für den Optionswert im Binomialmodell bestimmt. Für die Parameterwahl

(3.16) $$u = e^{\sigma\sqrt{T/N}}$$

(3.17) $$d = e^{-\sigma\sqrt{T/N}} = 1/u$$

approximiert diese geschlossene Lösung bei immer feinerer Untergliederung der Laufzeit die aus (3.9) und (3.10) bekannten Optionswerte bei kontinuierlichem Handel.[18] Das Binomialmodell wird deswegen insbesondere bei Optionen, für die keine geschlossenen Formeln bekannt sind, als numerische Methode zur Approximation des Wertes bei kontinuierlichem Handel verwandt. Abbildung 3.2 verdeutlicht das Approximationsverhalten an der bereits in Abbildung 3.1 bewerteten europäischen Verkaufoption.

---

[18] Die hier vorgestellte Wahl der Parameter u und d ist nicht die einzige, bei der die Binomiallösung die Lösung bei kontinuierlichem Handel approximiert. Sondermann (1993) arbeitet z.B. mit $u = (1 + \sigma\sqrt{\Delta t})r_N$ und $d = (1 - \sigma\sqrt{\Delta t})r_N$.

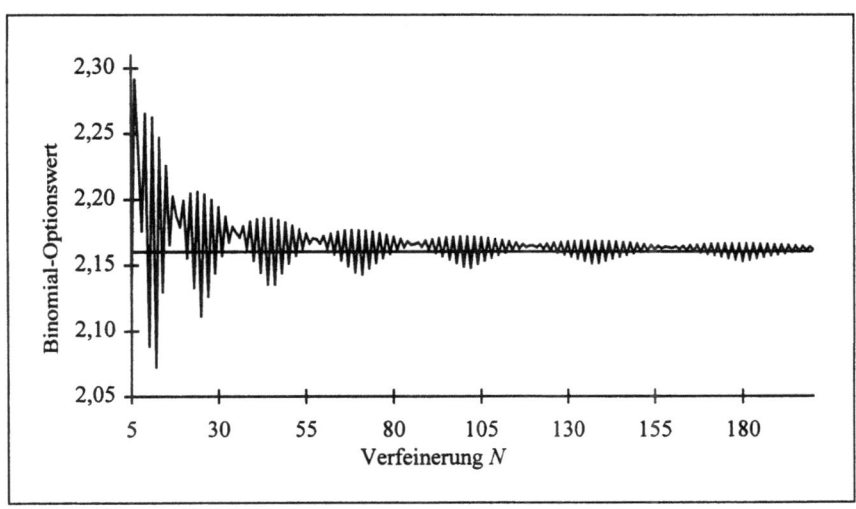

Abbildung 3.2: Approximationsverhalten im Binomialmodell

Man erkennt deutlich, wie der im Binomialmodell bestimmte Optionswert den ebenfalls eingezeichneten Wert bei kontinuierlichem Handel approximiert. Es zeigt sich dabei das für das
Binomialmodell typische Oszillieren, dessen Ausmaß mit steigendem N tendenziell abnimmt.
Es resultiert aus der unterschiedlichen Lage des Ausübungspreises zwischen den Aktienkursen des letzten Handelszeitpunktes. Je nach gewählter Verfeinerung N sind Anzahl und Ausprägung der Kurse des Basiswertes, bei denen die Option im Geld ist, unterschiedlich hoch,
und dies beeinflußt den Binomialwert der Option. Eine höhere Verfeinerung führt deshalb
nicht immer zu einer besseren Approximation an die analytische Lösung.

Seit seiner ersten Veröffentlichung wurde das Binomialmodell in zahlreichen Arbeiten weiterentwickelt. Hull, White (1983) haben die Control Variate Technik in die Bewertung mittels Binomialmodell eingeführt. In nur einem Baum werden dafür die unterschiedlichen Bi-
nomialwerte europäischer und amerikanische Option bestimmt. Zusätzlich wird aus der geschlossenen Formel der analytische Wert der europäischen Option bestimmt. Als Control
Variate Schätzung der amerikanischen Option wird anschließend das um die Differenz der
beiden Binomialergebnisse erhöhte Ergebnis der geschlossenen Formel gewählt. Es liegt in
der Regel wesentlich näher am wahren Wert als das unbereinigte Binomialergebnis. Boyle

(1986) hat das Binomial- zu einem Trinomialmodell erweitert und dadurch ebenfalls die Approximationsgeschwindigkeit deutlich erhöht.[19] Tian (1993) hat aus der Vielzahl möglicher Parameter u und d diejenigen bestimmt, bei denen die analytische Lösung besonders schnell approximiert wird. Curran (1995) hat gezeigt, daß bei der Bewertung amerikanischer Optionen und Parameterwahl entsprechend (3.16) und (3.17) die Ausübungsbedingung nicht in allen Knoten überprüft werden muß, und so ebenfalls die Approximationsgeschwindigkeit verbessert.

3.3.2 Die Monte Carlo Methode

Die Monte Carlo Methode wurde für die Bewertung von Optionen erstmalig von Boyle (1977) eingesetzt. Sie baut auf den risikoneutralen Bewertungsansatz von Cox, Ross (1976) auf, nach dem der Wert einer europäischen Option dem mit dem risikolosen Zinssatz diskontierten Erwartungswert ihrer Auszahlung entspricht. Die Monte Carlo Methode schätzt den Erwartungswert aus einer Vielzahl entsprechend der Modellannahmen simulierter Aktienkurse. Für Standard Optionen werden diese Kurse des Basiswertes bei Fälligkeit der Option aus der Gleichung

$$(3.18) \qquad S(T) = S(0) \exp\left((r - q - \sigma^2 / 2)T + \sigma\sqrt{T}\theta\right)$$

bestimmt, wobei θ die Ausprägung einer standardnormalverteilten Zufallsvariable darstellt. Für jeden erzeugten Kurse wird die Auszahlung der Option berechnet und anschließend deren arithmetisches Mittel als Schätzer des Erwartungswertes gewählt.

Die Monte Carlo Methode basiert auf zufällig erzeugten Aktienkursen. Ihre Ergebnisse sind deshalb auch wieder zufällig. Um einen Eindruck von der Genauigkeit des Ergebnisses zu erhalten, sollte es mit einem Konfidenzintervall angegeben werden. Die dafür notwendige Standardabweichung kann zusammen mit dem Optionswert berechnet werden.[20] Die Größe

---

[19] Anders als im Binomialmodell, das lediglich zwei mögliche Kursentwicklungen des Basiswertes zuläßt, können im Trinomialmodell mit drei möglichen Kursentwicklungen nicht alle zukünftigen Zustände der Welt mit den zwei Wertpapieren Basiswert und risikolose Anleihe dupliziert werden. Das Trinomialmodell ist deswegen auch kein geschlossenes Bewertungsmodell sondern eine diskrete Approximationsmethode, die auf den risikofreien Bewertungsansatz von Cox, Ross (1976) aufbaut.

[20] Zur Berechnung von Standardabweichung und Konfidenzintervall vergleiche Boyle (1977).

von Standardabweichung und Konfidenzintervall ist proportional zum Kehrwert der Wurzel der Anzahl simulierter Aktienkurse. Dies bedeutet, daß für die Halbierung des Konfidenzintervalls eine Vervierfachung der Simulationen und damit der Rechenzeit benötigt wird. Für die Optionsbewertung benötigte Genauigkeiten sind deswegen ohne Verfeinerungen der Methode häufig nicht innerhalb akzeptabler Rechenzeiten möglich. Boyle hat deswegen als Varianzreduktionstechniken die Control Variate sowie die Antithetic Variable Technik vorgeschlagen.

Die Anwendung der Control Variate Technik entspricht im wesentlichen dem bereits erläuterten Vorgehen im Binomialmodell. Der einzige Unterschied liegt in der Bestimmung der beiden Optionswerte. Sie werden statt aus dem gleichen Binomialbaum nun aus den gleichen simulierten Aktienkurspfaden berechnet. Die Antithetic Variable Technik erzeugt demgegenüber zu jedem Endkurs des Basiswertes einen zweiten Endkurs, der aus der gleichen Ausprägung der Zufallsvariable aber mit umgekehrten Vorzeichen resultiert. Beide Verfahren reduzieren in der Regel die Varianz der Schätzung und damit die Größe des Konfidenzintervalls.

Bei pfadabhängigen Optionen ist für die Bestimmung des Optionswertes bei Fälligkeit nicht nur der aktuelle Kurs sondern auch der Kursverlauf während der Laufzeit der Option von Bedeutung. Bei Anwendung des Monte Carlo Verfahrens genügt es deshalb nicht, nur den Endkurs zu erzeugen, sondern es muß der gesamte Kursverlauf generiert werden. Dafür wird eine Unterteilung der Laufzeit in N äquidistante Intervalle der Größe $\Delta t = T/N$ vorgenommen. Wenn S_n für einen simulierten Aktienkurs zum Zeitpunkt $n\Delta t$ steht, werden mit Gleichung

$$(3.19) \qquad S_{n+1} = S_n \exp\left((r - q - \sigma^2/2)\Delta t + \sigma\theta\sqrt{\Delta t}\right) \qquad \forall 0 \leq n \leq N-1$$

Kurse zu jedem der $N+1$ Zeitpunkte bestimmt. Statt einer Ausprägung einer standardnormalverteilten Zufallsvariable müssen jetzt für jeden einzelnen Aktienkursverlauf N Ausprägungen erzeugt werden. Die Berücksichtigung pfadabhängiger Eigenschaften in der Monte Carlo Methode ist also grundsätzlich einfach, führt aber zu einer deutlichen Erhöhung der Rechenzeit.

Für Optionen auf mehrere Basiswerte müssen unter Berücksichtigung der Korrelationskoeffizienten separat Endkurse für alle Basiswerte erzeugt werden. Aus ihnen gemeinsam läßt sich der Erwartungswert der aus der Option resultierenden Auszahlung schätzen. Die mit der Erweiterung auf mehrere Basiswerte verbundene Erhöhung der Rechenzeit ist im Vergleich zu der bei Pfadabhängigkeit gering.

Als Vorteil des Monte Carlo Verfahrens muß seine Flexibilität hervorgehoben werden. Beliebige Vertragseigenschaften sind zumeist einfach zu integrieren. Auch unter der Verwendung von Varianzreduktionstechniken bleibt aber als eines der Hauptprobleme die mit der Erzeugung einer großen Anzahl an Ausprägungen standardnormalverteilter Zufallsvariablen verbundene Rechenzeit.[21] Zahlreiche Autoren haben sich deswegen mit Ansätzen zur Beschleunigung des Monte Carlo Verfahrens beschäftigt.[22] Ein weiteres Problem ist die Bewertung von Optionen amerikanischen Typs. Erst neuere Arbeiten haben hier Ansätze aufgezeigt, wie die Beschränkung auf europäische Optionen umgangen werden kann.[23]

3.3.3 Die Methode Finiter Differenzen

3.3.3.1 Grundlagen

Die Methode Finiter Differenzen ist in den Ingenieurwissenschaften seit langem die Methode der Wahl zur numerischen Lösung partieller Differentialgleichungen. Zur Bewertung von Optionen wurde sie erstmals von Schwartz (1976) eingesetzt und von Brennan, Schwartz (1978) sowie Courtadon (1982) weiterentwickelt. Im folgenden wird die Methode Finiter Differenzen am Beispiel der Bewertung von Standard Optionen erläutert. Da in den späteren Kapiteln die Bewertung exotischer Optionen insbesondere mittels dieses numerischen Verfahrens erfolgen soll, wird dabei detaillierter als bei den zuvor behandelten Methoden vorgegangen.[24] Bevor die unterschiedlichen Ausgestaltungen explizit, implizit und Crank-Nicolson behandelt werden, soll in diesem Abschnitt das bei allen drei Methoden gemeinsame Vorgehen erläutert werden.

---

[21] Chaplin (1993) hat zudem darauf hingewiesen, daß die von Computerprogrammen erzeugten Zufallszahlen das Ergebnis einer Berechnung sind, und deswegen nicht immer die gewünschte Verteilung besitzen.

[22] Vergleiche Clewlow, Carverhill (1994), Curran (1994) und Moro (1995).

[23] Boyle (1996) verweist hier auf zwei Working Paper von Broadie, Glasserman (1995) und Dennis, Rendleman (1995).

[24] Der Schwerpunkt der Behandlung wird dabei auf ihrer praktischen Anwendbarkeit liegen. Für eine ausführliche Behandlung der theoretischen Grundlagen vgl. Marsal (1988).

Ausgangspunkt der Methode Finiter Differenzen ist für alle Optionsarten die jeweilige Optionsbewertungsdifferentialgleichung. Für Standard Optionen ist das die bekannte Gleichung (3.7)

$$\frac{\partial V}{\partial t} + (r-q)S\frac{\partial V}{\partial S} + \frac{1}{2}\sigma^2 S^2 \frac{\partial^2 V}{\partial S^2} = rV.$$

Vor der weiteren Arbeit wird diese transformiert. Ziel ist es dabei zum einen, aus der Differentialgleichung die von S abhängigen variablen Koeffizienten der Ableitungen nach dem Aktienkurs in konstante Koeffizienten zu verwandeln, zum anderen wird eine Gleichung angestrebt, die zwar Ableitungen nach dem Optionswert aber nicht den Optionswert selbst enthält. Dafür werden

(3.20) $$L = \ln(S)$$

(3.21) $$(L,t) = e^{-rt}V(S,t)$$

definiert. Die Logarithmierung des Aktienkurses hat zusätzlich den Vorteil, daß die neue Variable L dem Kursprozeß (3.1) besser als die ursprüngliche Variable S widerspiegelt. Im folgenden wird also statt mit dem Aktienkurs mit dessen Logarithmus sowie statt mit dem Optionswert mit dessen auf Laufzeitbeginn abdiskontierten Wert gearbeitet. Der Einfachheit halber wird aber im Rest der Arbeit trotzdem von Aktienkurs und Optionswert gesprochen, wenn eigentlich L und W gemeint sind.

Um die untersuchte Differentialgleichung von V und S zu W und L zu transformieren, müssen die Ableitungen

(3.22) $$\frac{\partial V}{\partial t} = e^{rt}\left(rW + \frac{\partial W}{\partial t}\right)$$

(3.23) $$\frac{\partial V}{\partial S} = e^{rt}\frac{1}{S}\frac{\partial W}{\partial L}$$

(3.24) $$\frac{\partial^2 V}{\partial S^2} = e^{rt}\frac{1}{S^2}\left(\frac{\partial^2 W}{\partial L^2} - \frac{\partial W}{\partial L}\right)$$

in (3.7) eingesetzt werden. Man erhält dann als transformierte Optionsbewertungsdifferentialgleichung

(3.25)
$$\frac{\partial W}{\partial t} + \left(r - q - \frac{1}{2}\sigma^2 \right) \frac{\partial W}{\partial L} + \frac{1}{2}\sigma^2 \frac{\partial^2 W}{\partial L^2} = 0.$$

Wie angestrebt besitzt diese Gleichung konstante d.h. nicht mehr von L abhängige Koeffizienten und beinhaltet nur Ableitungen von W und nicht W selbst.

Bei Anwendung der Methode Finiter Differenzen werden die Differentialquotienten aus (3.25) durch Differenzenquotienten ersetzt. Die Wahl der Differenzenquotienten ist dabei für die verschiedenen Ausgestaltungen der Methode Finiter Differenzen unterschiedlich und wird später bestimmt. Allen Ausgestaltungen ist aber gemein, daß Optionswerte zu diskreten Zeitpunkten benötigt werden. Dafür werden Laufzeit und Aktienkurs in äquidistante Intervalle unterteilt. Für die Laufzeit sind das wie beim Binomialmodell N Zeitintervalle der Länge $\Delta t = T / N$. Für den Aktienkurs muß zuerst der zu untersuchende Bereich durch Wahl eines Maxima L_{max} und eines Minima L_{min} eingeschränkt werden. Diesen beiden Werten entsprechen die ursprünglichen Aktienkurse $S_{max} = \exp(L_{max})$ und $S_{min} = \exp(L_{min})$, die so weit vom Ausübungspreis entfernt liegen müssen, daß bei Erreichen dieser beiden Kurse Informationen über den Optionswert oder eine seiner Ableitungen bekannt sind. Der durch L_{max} und L_{min} eingegrenzte Aktienkursbereich in wird in M Intervalle der Länge $\Delta L = \left(L_{max} - L_{min} \right)/M$ unterteilt. Bei der Bestimmung von Maxima L_{max}, L_{min} und M sollte zusätzlich so vorgegangen werden, daß der Ausübungspreises einen der Gitterpunkte darstellt.[25]

Durch Wahl von N, M, L_{max} und L_{min} wird ein Gitter aus $(M+1)(N+1)$ Punkten definiert. Abbildung 3.3 zeigt ein solches Gitter. Jeder Gitterpunkt steht für eine Kombination aus Aktienkurs und Zeit. Die Methode Finiter Differenzen bestimmt für alle Gitterpunkte den zugehörigen Optionswert $W_{m,n} = W(L_{min} + m\Delta L, n\Delta t)$. Es ist deshalb sinnvoll und bei Standard Optionen auch möglich, die Parameter M, L_{max} und L_{min} so zu wählen, daß der aktuelle Aktienkurs einer der Gitterpunkte ist. Falls das Gitter nicht auf diese Art und Weise gestaltet

---

[25] Diese Anforderung kann für jede Standard Option problemlos erfüllt werden. Sie erhöht die Genauigkeit der Lösung und resultiert aus dem Knick der Auszahlungsfunktion im Ausübungspreis.

wurde, ist zur Bestimmung des gewünschten Optionswertes eine zusätzliche Interpolation notwendig.[26]

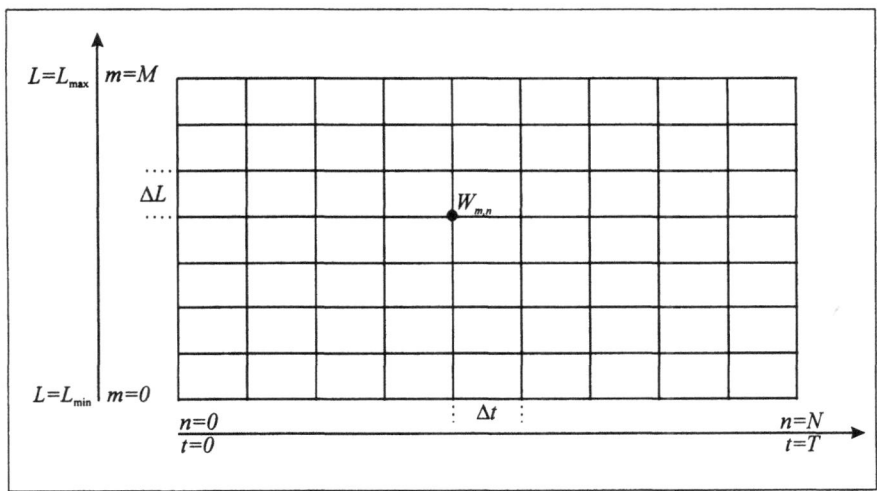

Abbildung 3.3: Gitterstruktur der Methode Finiter Differenzen

Die Methode Finiter Differenzen beginnt mit den aus der Endwertbedingung bekannten Optionswerten am rechten Rand des Gitters und bestimmt rekursiv die Werte zu allen vorherigen Zeitpunkten bis der linke Rand des Gitters erreicht ist. Dafür werden für alle Varianten der Methode Finiter Differenzen Informationen über die Optionswerte des oberen und des unteren Gitterrandes benötigt. Bei Standard Optionen ist diese Information immer der Optionswert selbst. Insgesamt benötigt die Methode Finiter Differenzen für Standard Optionen also immer Werte von drei der vier Ränder um das gesamte Gitter einschließlich des vierten Randes zu bewerten. Tabelle 3.1 gibt die Randwertbedingungen aller Standard Optionen. Für $t = T$ entspricht der Optionswert in allen Fällen der bekannten Endwertbedingung der jeweiligen Option. Bei Kaufoptionen kann für sehr kleine Ausprägungen des Basiswertes angenommen werden, daß die Option innerhalb der Laufzeit nicht mehr ins Geld gelangt. Sie ist deswegen wertlos. Im Falle sehr hoher Aktienkurse gilt das Gegenteil. Kaufoptionen werden während der gesamten Laufzeit im Geld bleiben. Daraus resultiert, daß europäische Kaufoptionen mit

---

[26] Interpolationen zur Bestimmung des Optionswertes sind bei zahlreichen Barrier Optionen notwendig und werden dort auch erklärt.

Sicherheit bei Fälligkeit ausgeübt werden. Ihre Auszahlung kann deshalb durch Terminkauf eines Basiswertes zum Preis von $e^{-q(T-t)}S$ und Aufnahme eines Kredits in Höhe von $e^{-r(T-t)}X$ dupliziert werden. Amerikanische Kaufoptionen sind an der gleichen Stelle so stark im Geld, daß Ausüben sinnvoll ist.[27] Für Verkaufoptionen kehrt sich diese Argumentation um. Sie sind für sehr kleine Aktienkurse wertlos und bleiben für sehr hohe Aktienkurse die gesamte restliche Laufzeit im Geld.

	S_{min}	S_{max}	Fälligkeit
Europäische Kaufoption	0	$e^{-q(T-t)}S_{max} - e^{-r(T-t)}X$	$[S-X]^+$
Amerikanische Kaufoption	0	$S_{max} - X$	$[S-X]^+$
Europäische Verkaufoption	$e^{-r(T-t)}X - e^{-q(T-t)}S_{min}$	0	$[X-S]^+$
Amerikanische Verkaufoption	$X - S_{min}$	0	$[X-S]^+$

Tabelle 3.1: Randwertbedingungen von Standard Optionen

Für die Verwendung in der Methode Finiter Differenzen müssen die Randwertbedingungen von S und V in L und W transformiert und an den Gitteraufbau angepaßt werden. Das Ergebnis ist ohne Herleitung in Tabelle 3.2 dargestellt.

---

[27] Merton (1973), S. 144 ff., hat gezeigt, daß amerikanische Kaufoptionen ohne Dividenden auf den Basiswert zu keinem Kurs ausgeübt werden. In geringem Umfang unterschätzt deshalb der in Tabelle 3.1 eingetragene Wert den wahren Wert solch einer Option. Wilmott, Dewynne, Howison (1995), S. 84 f., haben aber ausgeführt, daß die Randlösungen sich nur vernachlässigbar auf den Optionswert auswirken, wenn die zugehörigen Randkurse weit genug vom betrachteten Kurs entfernt liegen. Ein aus dieser möglichen Unterschätzung des Optionswertes resultierender Fehler kann demnach vernachlässigt werden.

	$W_{o,n}$	W_{Mn}	W_{mN}
Europäische Kaufoption	0	$e^{-(m+q(N-n))\Delta t}S_{max} - e^{-rT}X$	$e^{-rT}\left[\exp(L_{min} + m\Delta L) - X\right]^{+}$
Amerikanische Kaufoption	0	$e^{-m\Delta t}(S_{max} - X)$	$e^{-rT}\left[\exp(L_{min} + m\Delta L) - X\right]^{+}$
Europäische Verkaufoption	$e^{-rT}X - e^{-(m+q(N-n))\Delta t}S_{min}$	0	$e^{-rT}\left[X - \exp(L_{min} + m\Delta L)\right]^{+}$
Amerikanische Verkaufoption	$e^{-m\Delta t}(X - S_{min})$	0	$e^{-rT}\left[X - \exp(L_{min} + m\Delta L)\right]^{+}$

Tabelle 3.2: Gitterränder von Standard Optionen

Die beiden Tabellen 3.1 und 3.2 machen noch einmal die Wichtigkeit der Wahl von L_{max} und L_{min} bzw. S_{max} und S_{min} deutlich. Je weiter diese Werte vom Ausübungspreis entfernt sind, desto genauer stimmen die Eintragungen in Tabelle 3.2 mit den wahren Optionswerten überein, was zu einer höheren Genauigkeit des zu ermittelnden Optionswertes führt. Je weiter L_{max} und L_{min} vom Ausübungspreis entfernt sind, desto größer ist aber bei konstantem M auch die Maschengröße $\Delta L = (L_{max} - L_{min})/M$ des Gitters, was die Genauigkeit des Ergebnisses verringert. Geske, Shastri (1985) empfehlen für S_{max} als „rule of thumb" das Eineinhalbfache und für S_{min} dementsprechend zwei Drittel des Ausübungspreises. In dieser Arbeit wird generell mit dem Faktor zwei bzw. einhalb gearbeitet. Nur für sehr große Werte von Laufzeit oder Volatilität ist dieser Faktor nicht ausreichend.

3.3.3.2 Der Explizite Ansatz

Nachdem die Gemeinsamkeiten der verschiedenen Ausgestaltungen der Methode Finiter Differenzen erläutert wurden, soll in diesem Abschnitt das Vorgehen bei Anwendung der Expliziten Variante erläutert werden. Dafür muß die Form der Differenzenquotienten bestimmt werden, die die partiellen Differentialquotienten aus (3.25) ersetzen. Die Form der Differenzenquotienten basiert zwar für alle Varianten der Methode Finiter Differenzen auf den Satz von Taylor, ihre konkrete Ausgestaltung ist aber verschieden.[28]

Unter der Annahme, daß die ersten beiden Ableitungen von W nach L stetig sind, und daß die dritte Ableitung von W nach L beschränkt ist, kann auf den Optionswert der Satz von Taylor angewandt werden.[29] Es gelten dann die beiden Gleichungen

$$(L+\Delta L,t) = W(L,t) + \Delta L \frac{\partial W}{\partial L}(L,t) + \frac{\Delta L^2}{2}\frac{\partial^2 W}{\partial L^2}(L,t) + O(\Delta L^3)$$

$$(L-\Delta L,t) = W(L,t) - \Delta L \frac{\partial W}{\partial L}(L,t) + \frac{\Delta L^2}{2}\frac{\partial^2 W}{\partial L^2}(L,t) + O(\Delta L^3).$$

$O(\Delta L^3)$ steht darin für einen Fehlerterm der Ordnung ΔL^3, d.h. $O(\Delta L^3)$ ist ein Sammelbegriff für alle Summanden dritter und höherer Ordnung und geht mit ΔL^3 gegen Null. Subtraktion der beiden Gleichungen und anschließendes Auflösen nach der verbliebenen Ableitung ergibt den ersten Ausdruck für eine Ableitung aus (3.25)[30]

(3.26)
$$\frac{\partial W}{\partial L}(L,t) = \frac{W(L+\Delta L,t) - W(L-\Delta L,t)}{2\Delta L} + O(\Delta L^2).$$

Durch Addition der beiden ebenfalls aus dem Satz von Taylor folgenden Gleichungen

$$(L+\Delta L,t) = W(L,t) + \Delta L \frac{\partial W}{\partial L}(L,t) + \frac{\Delta L^2}{2}\frac{\partial^2 W}{\partial L^2}(L,t) + \frac{\Delta L^3}{6}\frac{\partial^3 W}{\partial L^3}(L,t) + O(\Delta L^4)$$

$$(L-\Delta L,t) = W(L,t) - \Delta L \frac{\partial W}{\partial L}(L,t) + \frac{\Delta L^2}{2}\frac{\partial^2 W}{\partial L^2}(L,t) - \frac{\Delta L^3}{6}\frac{\partial^3 W}{\partial L^3}(L,t) + O(\Delta L^4)$$

und anschließende Transformation erhält man als zweiten Differenzenquotient

(3.27)
$$\frac{\partial^2 W}{\partial L^2}(L,t) = \frac{W(L+\Delta L,t) - 2W(L,t) + W(L-\Delta L,t)}{\Delta L^2} + O(\Delta L^2).$$

---

[28] Der Satz von Taylor ist z.B. bei Chiang (1984), S. 256 f., näher erläutert.
[29] Die Anforderungen an die Ableitungen von W nach L sind abhängig von der Länge der Taylorexpansion. Es gilt, daß alle in der Taylorexpansion auftretenden Ableitungen stetig sein müssen, und daß die auf die größte Ableitung folgende beschränkt sein muß. Zur Herleitung der Gleichung (3.27) müssend deswegen die ersten drei Ableitungen stetig und die vierte beschränkt sein. Vgl. hierzu und zur Anwendung des Satzes von Taylor Marsal (1989), S. 13 ff.
[30] Für die Transformation des Fehlerterms $O(\Delta L^3)$ zu $O(\Delta L^2)$ vgl. Wilmott, Dewynne, Howison (1993), S. 272.

Einen Ausdruck für die dritte und letzte Ableitung aus (3.25) erhält man durch Transformation der Gleichung

$$(L, t + \Delta t) = W(L, t) + \Delta t \frac{\partial W}{\partial t}(L, t) + O(\Delta t^2)$$

zu

(3.28)
$$\frac{\partial W}{\partial t}(L, t) = \frac{W(L, t + \Delta t) - W(L, t)}{\Delta t} + O(\Delta t).$$

Die Gleichungen (3.26) bis (3.28) beschreiben den Ansatz zur Bestimmung der Differenzenquotienten. Die konkrete Ausgestaltung der Differenzenquotienten hängt von dem Gitterpunkt ab, in dem die Differentialgleichung (3.25) untersucht wird. Die Explizite Methode Finiter Differenzen wählt zur Bestimmung des Optionswertes im Gitterpunkt (m, n) den Gitterpunkt $(m, n + 1)$. Unter Vernachlässigung der Fehlerterme werden die Gleichungen (3.26) bis (3.28) deswegen zu

(3.29)
$$\frac{\partial W}{\partial L} = \frac{W_{m+1,n+1} - W_{m-1,n+1}}{2\Delta L}$$

(3.30)
$$\frac{\partial^2 W}{\partial L^2} = \frac{W_{m+1,n+1} - 2W_{m,n+1} + W_{m-1,n+1}}{\Delta L^2}$$

(3.31)
$$\frac{\partial W}{\partial t} = \frac{W_{m+1,n+1} - W_{m-1,n+1}}{\Delta t}$$

wobei die beiden Variablen m und n die Ungleichungen $1 \leq m \leq M - 1$ und $1 \leq n \leq N - 1$ erfüllen. Wenn die Differenzenquotienten (3.29) bis (3.31) in (3.25) eingesetzt werden, erhält man nach einigen Umformungen die Differenzengleichung

(3.32)
$$W_{m,n} = a_E W_{m-1,n+1} + b_E W_{m,n+1} + c_E W_{m+1,n+1}$$

mit den Parametern

(3.33)
$$a_E = \frac{\Delta t}{2}\left(\left(\frac{\sigma}{\Delta L}\right)^2 - \frac{r - q - \sigma^2/2}{\Delta L}\right)$$

(3.34)
$$b_E = 1 - \Delta t \left(\frac{\sigma}{\Delta L}\right)^2$$

(3.35)
$$c_E = \frac{\Delta t}{2}\left(\left(\frac{\sigma}{\Delta L}\right)^2 + \frac{r - q - \sigma^2/2}{\Delta L}\right).$$

Wie die Ausgangsdifferentialgleichung besitzt auch die Differenzengleichung (3.32) mit a_E, b_E und c_E konstante Koeffizienten. Anders als diese ist sie aber entsprechend Gleichungen (3.26) bis (3.28) mit einem Fehler der Ordnung $(\Delta L^2 + \Delta t)$ belastet, d.h. der Fehler in (3.32) geht nur dann gegen Null, wenn sowohl ΔL^2 als auch Δt gegen Null gehen. (3.32) besagt, daß sich der Optionswert in einem Gitterpunkt als Linearkombination dreier Optionswerte zum folgenden Zeitpunkt bestimmen läßt. Abbildung 3.4 veranschaulicht diesen Zusammenhang.

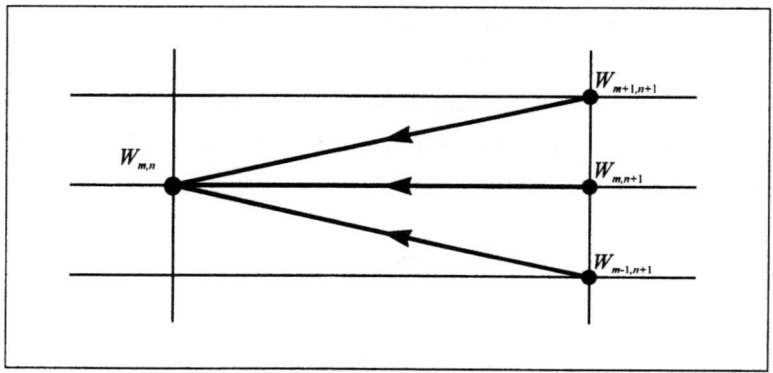

Abbildung 3.4: Zusammenhang der Gitterpunkte bei Expliziter Methode Finiter Differenzen.

Die Differenzengleichung (3.32) gilt für alle Gitterpunkte. Sie bildet deswegen zu jedem Zeitpunkt n ein Gleichungssystem, daß die Matrixform

(3.36)
$$W_n^- = M_E \times W_{n+1}^+$$

besitzt. In dieser Gleichung sind die beiden Vektoren als

(3.37)
$$W_n^- = \begin{bmatrix} W_{1,n} & W_{2,n} & \cdots & W_{M-2,n} & W_{M-1,n} \end{bmatrix}^T \in R^{M-1}$$

(3.38)
$$W_n^+ = \begin{bmatrix} W_{0,n} & W_{1,n} & W_{2,n} & \cdots & W_{M-2,n} & W_{M-1,n} & W_{M,n} \end{bmatrix}^T \in R^{M+1}$$

definiert, wobei der Exponent T für die Transponierung des jeweiligen Vektors steht. Für die Matrix M_E gilt die Gleichung

$$(3.39) \qquad M_E = \begin{bmatrix} a_E & b_E & c_E & 0 & \cdot & \cdot & \cdot & \cdot & 0 \\ 0 & a_E & b_E & c_E & & & & & \cdot \\ \cdot & & \cdot & \cdot & \cdot & & & & \cdot \\ \cdot & & & \cdot & \cdot & \cdot & & & \cdot \\ \cdot & & & & \cdot & \cdot & \cdot & & \cdot \\ \cdot & & & & & a_E & b_E & c_E & 0 \\ 0 & \cdot & \cdot & \cdot & \cdot & 0 & a_E & b_E & c_E \end{bmatrix} \in R^{(M-1)\times(M+1)}.$$

Bei der Bestimmung der Gitterwerte kann zum Zeitpunkt N - 1 begonnen werden. W_N^+ ist aus Tabelle 3.2 bekannt, M_E aus den Gleichungen (3.33) bis (3.35). Unter Verwendung von Gleichung (3.36) kann dadurch W_{N-1}^- bestimmt werden. Um den für den nächsten Schritt notwendigen Inputwert W_{N-1}^+ zu erhalten, muß W_{N-1}^- um $W_{0,N-1}$ und $W_{M,N-1}$ aus Tabelle 3.2 ergänzt werden. Jetzt sind wieder alle Informationen vorhanden, um W_{N-2}^- aus Gleichung (3.36) zu berechnen. Durch N-maliges Wiederholen dieser Schritte erhält man als Endergebnis alle Werte einer europäischen Option bis zum Zeitpunkt $t = 0$. Abbildung 3.5 verdeutlicht das Ergebnis für die bereits bekannte europäische Verkaufoption.

Bei amerikanischen Optionen muß zusätzlich noch zu jedem Zeitpunkt untersucht werden, ob die Ausübungsbedingung erfüllt ist. Für Kaufoptionen lautet diese zusätzliche Bedingung

$$(3.40) \qquad W_{m,n} \geq e^{-m\Delta t}\left[\exp(L_{\min} + m\Delta L) - X\right]^+$$

bei Verkaufoptionen müssen Minuend und Subtrahend vertauscht werden. Falls diese Ausübungsbedingung für einen Gitterpunkt nicht erfüllt ist, so nimmt $W_{m,n}$ den Wert der rechten Seite aus (3.40) an und auch alle folgenden Rechenschritte basieren auf diesen erhöhten Wert.

Abbildung 3.5 zeigt genauso wie alle später aufgeführten Gitter die zurücktransformierten Optionswerte V und nicht W. In ihr wird die Verwendung der Randwertbedingungen aus Tabelle 3.1 klar. Der obere Gitterrand nimmt für europäische Verkaufoptionen zu jedem Zeitpunkt den Wert Null an, der untere den abdiskontierten inneren Wert von 42,17 = 90,00 - 47,83 und der rechte Gitterrand erfüllt zu jedem Aktienkurs die Gleichung $[X - S]^+ = [90 - S]^+$. Alle sonstigen Optionswerte sind mittels Expliziter Methode Finiter Differenzen bestimmt worden. Die Abbildung macht aber auch das Vorgehen bei Definition des Gitters klar. Zuerst werden der aktuelle Aktienkurs von 100,00 und der Ausübungspreis von 90,00 als Gitterpunkte festgelegt und erst danach werden ΔL sowie L_{max} und L_{min} so bestimmt, daß S_{max} und S_{min} weit genug vom Ausübungspreis entfernt liegen. Aus diesem Grund kann der gesuchte Optionswert ohne Interpolation aus dem Gitter bestimmt werden. Er liegt hier für $S = 100,00$ mit 2,04 etwas niedriger als der analytische Wert von 2,16.

Aktien-	Optionswert zum Ende von						
Kurs	Monat 0	Monat 1	Monat 2	Monat 3	Monat 4	Monat 5	Monat6
169,35	0,00	0,00	0,00	0,00	0,00	0,00	0,00
152,42	0,00	0,00	0,00	0,00	0,00	0,00	0,00
137,17	0,02	0,01	0,00	0,00	0,00	0,00	0,00
123,46	0,14	0,07	0,02	0,00	0,00	0,00	0,00
111,11	0,63	0,44	0,26	0,10	0,00	0,00	0,00
100,00	2,04	1,70	1,33	0,92	0,46	0,00	0,00
90,00	4,94	4,59	4,17	3,66	3,00	2,03	0,00
81,00	9,55	9,38	9,20	8,99	8,76	8,59	9,00
72,90	15,44	15,56	15,72	15,92	16,22	16,66	17,10
65,61	21,83	22,18	22,56	22,98	23,45	23,92	24,39
59,05	28,05	28,50	28,98	29,46	29,95	30,45	30,95
53,14	33,78	34,28	34,78	35,29	35,81	36,33	36,86
47,83	38,96	39,48	40,01	40,54	41,08	41,62	42,17

Abbildung 3.5: Explizites Gitter einer europäischen Verkaufoption

Wegen des Ersetzens der Differential- durch Differenzenquotienten und wegen der nur endlichen Rechengenauigkeit des Computers, tritt bei jeder Berechnung eine Differenz zwischen dem analytischen und dem mittels Methode Finiter Differenzen ermittelten Optionswert auf. Da alle Optionswerte der folgenden Zeitpunkte auf zuvor berechneten Optionswerten basieren, ist es von entscheidender Bedeutung für die Genauigkeit des Ergebnisses, wie sich ein zu einem Zeitpunkt entstandener Fehler in den folgenden Zeitpunkten fortpflanzt. Ein Gleichungssystem, bei dem sich ein einmal aufgetretener Fehler über die Zeit abbaut, nennt man stabil.[31] Die Explizite Methode Finiter Differenzen ist stabil, wenn alle Koeffizienten der Matrix M_E nicht negativ sind.[32] Für die Matrixparameter a_E, b_E und c_E ist das der Fall falls

$$(3.41) \qquad \Delta L \leq \frac{\sigma^2}{\left| r - q - \sigma^2/2 \right|}$$

$$(3.42) \qquad \Delta t \leq \frac{\sigma^2}{\left(r - q - \sigma^2/2 \right)^2}$$

ist.[33] Damit die Explizite Methode Finiter Differenzen stabile Ergebnisse liefert, dürfen die beiden Maschengrößen des Gitters also je ein von den Optionsparametern abhängiges Maß nicht übersteigen. Dies führt notwendigerweise zu hohen Werten von N und bei konstantem L_{max} und L_{min} auch zu hohen Werten von M. Beides wirkt sich aber ungünstig auf die Rechendauer aus und stellt deswegen einen Nachteil der expliziten Variante dar.

Als Ergebnis der Stabilitätsbedingungen (3.41) und (3.42) sind die Matrixparameter a_E, b_E und c_E positiv. Sie erfüllen außerdem die Gleichung $a_E + b_E + c_E = 1$ und können deshalb als Wahrscheinlichkeiten betrachtet werden. Hierauf aufbauend haben Brennan, Schwarz (1978) gezeigt, daß die Explizite Methode Finiter Differenzen auch als Trinomialmodell verstanden werden kann. Das Matrixelement a_E ist dann die Wahrscheinlichkeit, daß der Aktienkurs innerhalb des Intervalls Δt um ΔL sinkt, b_E die Wahrscheinlichkeit, daß er konstant bleibt, und c_E die Wahrscheinlichkeit, daß er um ΔL steigt. Entsprechend dem risikoneutralen Bewertungsansatz von Cox, Ross (1976) entspricht der Optionswert zum Zeitpunkt $n\Delta t$ gerade dem mit diesen Wahrscheinlichkeiten gebildeten Erwartungswert des Optionswertes zum Zeitpunkt $(n + 1)\Delta t$.[34] Diese Betrachtungsweise macht auch deutlich, daß für Berechnungen mittels Expliziter Methode Finiter Differenzen die Kenntnis der oberen und unteren Randbedingung nicht unbedingt notwendig ist. Wenn der Optionswert lediglich für einen Aktienkurs bestimmt werden soll, genügt schon die Kenntnis der Endwertbedingung, d.h. der Randwertbedingung bei Fälligkeit.

---

[31] Für eine formale Definition der Stabilität vergleiche z.B. Marsal (1989), S. 18 ff. oder Stoer, Bulirsch (1996), S. 465 ff.
[32] Vergleiche dazu Brennan, Schwartz (1978) und Hull, White (1990).
[33] Eine detaillierte Herleitung der aus der Nichtnegativität von a_E, b_E und c_E resultierenden Ungleichungen findet man bei Weßels (1992), S. 137 ff.

3.3.3.3 Der Implizite Ansatz

Als Nachteil der Expliziten Methode Finiter Differenzen wurde festgestellt, daß Stabilität nicht für alle möglichen Maschengrößen des Gitters garantiert ist. Dieses Problem kann durch die Implizite Methode Finiter Differenten, die für alle Ausgestaltungen des Gitters stabil ist, vermieden werden.[35] Sie unterscheidet sich von der explitziten Variante durch die Wahl des Gitterpunktes, in dem die Differentialgleichung (3.25) zur Bestimmung des Optionswertes im Gitterpunkt (m, n) diskretisiert wird. Während dies bei der Expliziten Methode Finiter Differenzen im benachbarten Gitterpunkt $(m, n + 1)$ geschieht, wird bei der impliziten Variante der Gitterpunkt (m, n) selbst gewählt. Die Implizite Methode Finiter Differenzen unterscheidet sich deswegen von der expliziten Variante durch die konkrete Ausgestaltung der Differenzenquotienten (3.26) und (3.27) zu

$$(3.43) \qquad \frac{\partial W}{\partial L} = \frac{W_{m+1,n} - W_{m-1,n}}{2\Delta L}$$

$$(3.44) \qquad \frac{\partial^2 W}{\partial L^2} = \frac{W_{m+1,n} - 2W_{m,n} + W_{m-1,n}}{\Delta L^2}$$

während (3.28) in beiden Varianten zur identische Differenzengleichung (3.31) wird. Das Ersetzen der Differentialquotienten aus (3.25) durch diese drei Differenzenquotienten führt zur Differenzengleichung der Impliziten Methode Finiter Differenzen

$$(3.45) \qquad a_I W_{m-1,n} + b_I W_{m,n} + c_I W_{m+1,n} = W_{m,n+1}$$

mit den Koeffizienten

$$(3.46) \qquad a_I = \frac{\Delta t}{2}\left(-\left(\frac{\sigma}{\Delta L}\right)^2 + \frac{r - q - \sigma^2/2}{\Delta L} \right) = -a_E$$

$$(3.47) \qquad b_I = 1 + \Delta t\left(\frac{\sigma}{\Delta L}\right)^2 = 2 - b_E$$

---

[34] Die normalerweise durchgeführte Diskontierung des Erwartungswertes ist hier nicht notwendig da W bereits abgezinst ist.

[35] Zur Stabilität der Impliziten Methode Finiter Differenzen vgl. Richtmyer, Morton (1967), S. 9 ff., Smith (1965), S. 55 ff., oder Marsal (1989), S. 18 ff.

$$(3.48) \qquad c_I = \frac{\Delta t}{2}\left(-\left(\frac{\sigma}{\Delta L}\right)^2 - \frac{r-q-\sigma^2/2}{\Delta L}\right) = -c_E.$$

Auch hier ist der Optionswert $W_{m,n}$ zu jedem Zeitpunkt eine Linearkombination dreier benachbarter Werte. Anders als bei der expliziten Variante ist es jedoch nicht eine Linearkombination von Werten ausschließlich des nachfolgenden sondern auch des aktuellen Zeitpunktes. Abbildung 3.6 veranschaulicht diesen Zusammenhang.

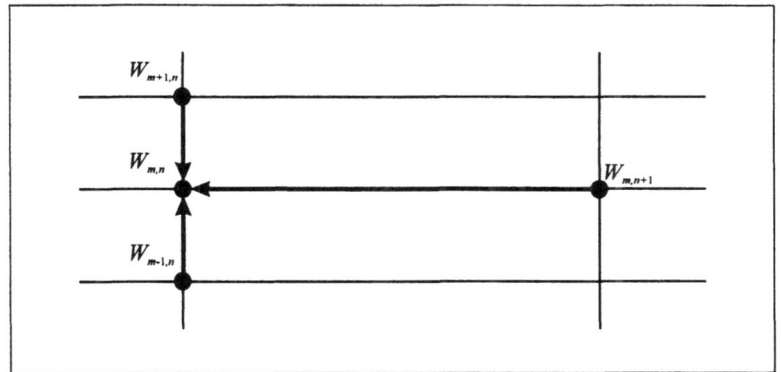

Abbildung 3.6: Zusammenhang der Gitterpunkte bei Impliziter Methode Finiter Differenzen

Auch die Differenzengleichung der Expliziten Methode Finiter Differenzen gilt für alle Gitterpunkte eines Zeitpunktes gleichzeitig. Sie bildet deswegen die Matrixgleichung

$$
\begin{bmatrix}
a_I & b_I & c_I & 0 & \cdot & \cdot & \cdot & \cdot & 0 \\
0 & a_I & b_I & c_I & & & & & \cdot \\
\cdot & & \cdot & & & & & & \cdot \\
\cdot & & & \cdot & \cdot & \cdot & & & \cdot \\
\cdot & & & & \cdot & \cdot & \cdot & & \cdot \\
\cdot & & & & & a_I & b_I & c_I & 0 \\
0 & \cdot & \cdot & \cdot & \cdot & 0 & a_I & b_I & c_I
\end{bmatrix}
\times
\begin{bmatrix}
W_{0,n} \\ W_{1,n} \\ W_{2,n} \\ \cdot \\ \cdot \\ \cdot \\ W_{M-2,n} \\ W_{M-1,n} \\ W_{M,n}
\end{bmatrix}
=
\begin{bmatrix}
W_{1,n+1} \\ W_{2,n+1} \\ \cdot \\ \cdot \\ \cdot \\ W_{M-2,n+1} \\ W_{M-1,n+1}
\end{bmatrix}
$$

die genauso wie (3.36) mit einem Fehlerterm der Ordnung $\Delta L^2 + \Delta t$ belastet ist. In diesem Gleichungssystem sind $W_{0,n}$ und $W_{M,n}$ zu jedem Zeitpunkt aus Tabelle 3.2 bekannt. Es ist deshalb sinnvoll, sie zu

41

$$(3.49) \qquad M_I \times W_n^- = W_{n+1}^- - \omega_n$$

mit

$$(3.50) \qquad M_I = \begin{bmatrix} b_I & c_I & 0 & \cdot & \cdot & \cdot & 0 \\ a_I & b_I & c_I & & & & \cdot \\ 0 & \cdot & \cdot & \cdot & & & \cdot \\ \cdot & & \cdot & \cdot & \cdot & & \cdot \\ \cdot & & & \cdot & \cdot & \cdot & 0 \\ \cdot & & & & a_I & b_I & c_I \\ 0 & \cdot & \cdot & \cdot & 0 & a_I & b_I \end{bmatrix} \in R^{(M-1)\times(M-1)}$$

$$(3.51) \qquad \omega_n = \begin{bmatrix} a_I W_{0,n} & 0 & \cdots & 0 & c_I W_{M,n} \end{bmatrix}^T \in R^{M-1}$$

und W_n^- entsprechend Gleichung (3.37) umzuformen.

Zum Zeitpunkt $n = N - 1$ können sowohl W_N^- als auch ω_{N-1} aus Tabelle 3.2 bestimmt werden. (3.49) stellt deshalb ein lösbares Gleichungssystem mit den Unbekannten W_{N-1}^- dar. Damit sind zusammen mit Tabelle 3.2 alle Optionswerte bekannt, die aus (3.49) zum vorherigen Zeitpunkt $n = N - 2$ ein Gleichungssystem machen, das die Unbekannten W_{N-2}^- definiert. Durch N-faches Wiederholen dieser Schritte können alle Optionswerte bis einschließlich W_0^- bestimmt werden. Das Vorgehen bei der Berücksichtigung des vorzeitigen Ausübungsrechts amerikanischer Optionen entspricht dem bei der Expliziten Methode Finiter Differenzen. Abbildung 3.7 veranschaulicht das Ergebnis für die bereits bekannte europäische Verkaufoption. Die Aktienkurse sowie die drei in Tabelle 3.2 definierten Gitterränder oben, rechts und unten stimmen dabei mit denen aus Abbildung 3.5 überein. Wegen des zur Expliziten Methode Finiter Differenzen unterschiedlichen Algorithmus sind demgegenüber die meisten übrigen Optionswerte und auch der gesuchte Wert von 1,90 beim Aktienkurs 100,00 unterschiedlich.

Aktien-Kurs	Optionswert zum Ende von						
	Monat 0	Monat 1	Monat 2	Monat 3	Monat 4	Monat 5	Monat 6
169,35	0,00	0,00	0,00	0,00	0,00	0,00	0,00
152,42	0,02	0,01	0,00	0,00	0,00	0,00	0,00
137,17	0,06	0,04	0,02	0,01	0,00	0,00	0,00
123,46	0,22	0,15	0,09	0,05	0,02	0,01	0,00
111,11	0,67	0,51	0,36	0,22	0,11	0,04	0,00
100,00	1,90	1,58	1,25	0,90	0,54	0,22	0,00
90,00	4,65	4,25	3,77	3,18	2,42	1,41	0,00
81,00	9,47	9,33	9,18	9,05	8,93	8,89	9,00
72,90	15,56	15,71	15,89	16,11	16,38	16,71	17,10
65,61	21,97	22,31	22,67	23,06	23,48	23,92	24,39
59,05	28,12	28,56	29,01	29,48	29,96	30,45	30,95
53,14	33,81	34,29	34,79	35,29	35,81	36,33	36,86
47,83	38,96	39,48	40,01	40,54	41,08	41,62	42,17

Abbildung 3.7: Implizites Gitter einer europäischen Verkaufoption

Da es sich bei M_l um ein Tridiagonalmatrix handelt - nur auf der Hauptdiagonalen und auf den beiden benachbarten Nebendiagonalen sind die Matrixelemente von Null verschieden - ist die Berechnung von W_n^- mit vergleichsweise wenig Rechenaufwand möglich. Die Lösung von (3.49) erfolgt über eine Matrixdekomposition von M_l.[36] Obwohl M_l neben Null lediglich die drei weiteren Matrixelemente a_l, b_l und c_l besitzt, wird die Matrixdekomposion im folgenden für eine allgemeinere Matrix Z hergeleitet, deren Elemente mehr Ausprägungen besitzen können. Es wird angenommen, daß Z die Form

---

[36] Matrixdekomposition ist auch bei Matrizen möglich, die eine aufwendigere Struktur als Tridiagonalmatrizen besitzen. Sie gestaltet sich dann aber rechenintensiver. Zur Matrixdekomposition bei allgemeinen Matrizen vergleiche Stoer, Bulirsch (1996), S. 198 ff.

$$(3.52) \qquad Z = \begin{bmatrix} b_1 & c_1 & 0 & \cdot & \cdot & \cdot & 0 \\ a_2 & b_2 & c_2 & & & & \cdot \\ 0 & \cdot & \cdot & \cdot & & & \cdot \\ \cdot & & \cdot & \cdot & \cdot & & \cdot \\ \cdot & & & \cdot & \cdot & \cdot & 0 \\ \cdot & & & & a_{M-2} & b_{M-2} & c_{M-2} \\ 0 & \cdot & \cdot & \cdot & 0 & a_{M-1} & b_{M-1} \end{bmatrix} \in R^{(M-1)\times(M-1)}$$

besitzt.[37] Die in (3.50) verwandte Matrix M_I ist dann ein Sonderfall von Z mit

$$a_m = a_I \qquad \forall 2 \le m \le M - 1$$
$$b_m = b_I \qquad \forall 1 \le m \le M - 1$$
$$c_m = c_I \qquad \forall 1 \le m \le M - 2$$

und jede Matrixdekomposition von Z kann einfach auf M_I übertragen werden.

Für die Matrixdekomposition wird Z zuerst als Produkt einer unteren und einer oberen Drei-ecksmatrix geschrieben, d.h. es müssen Matrizen L und U gefunden werden, die die Glei-chung

$$Z = L \times U$$

erfüllen. Wegen der Tridiagonalität von Z kann auch für die Dreiecksmatrizen L und U die vergleichsweise einfache Form

$$(3.53) \qquad L = \begin{bmatrix} 1 & 0 & \cdot & \cdot & \cdot & \cdot & 0 \\ l_2 & 1 & & & & & \cdot \\ 0 & \cdot & \cdot & & & & \cdot \\ \cdot & & \cdot & \cdot & & & \cdot \\ \cdot & & & \cdot & \cdot & & \cdot \\ \cdot & & & & l_{M-2} & 1 & 0 \\ 0 & \cdot & \cdot & \cdot & 0 & l_{M-1} & 1 \end{bmatrix} \in R^{(M-1)\times(M-1)}$$

---

[37] Matrizen dieser Form werden im Kapitel über Average Optionen benötigt.

$$(3.54) \qquad U = \begin{bmatrix} u_1 & v_1 & 0 & \cdot & \cdot & \cdot & 0 \\ 0 & u_2 & v_2 & & & & \cdot \\ \cdot & \cdot & \cdot & & & & \cdot \\ \cdot & & \cdot & \cdot & & & \cdot \\ \cdot & & & \cdot & \cdot & & 0 \\ \cdot & & & & u_{M-2} & v_{M-2} \\ 0 & \cdot & \cdot & \cdot & \cdot & 0 & u_{M-1} \end{bmatrix} \in R^{(M-1) \times (M-1)}$$

gewählt werden. Damit das Produkt von U und L der Matrix Z entspricht, müssen die Matrixelemente l, u und v die Gleichungen

$$u_1 = b_1$$
$$l_m u_{m-1} = a_m \qquad \forall m = 2,3,\ldots, M-2, M-1$$
$$l_m v_{m-1} + u_m = b_m \qquad \forall m = 2,3,\ldots, M-2, M-1$$
$$v_m = c_m \qquad \forall m = 1,2,\ldots, M-3, M-2$$

erfüllen. Sie können deshalb sukzessive aus den Gleichungen

$$(3.55) \qquad u_1 = b_1$$

$$(3.56) \qquad v_m = c_m \qquad \forall m = 1,2,\ldots, M-3, M-2$$

$$(3.57) \qquad l_m = a_m / u_{m-1} \qquad \forall m = 2,3,\ldots, M-2, M-1$$

$$(3.58) \qquad u_m = b_m - a_m c_{m-1} / u_{m-1} \qquad \forall m = 2,3,\ldots, M-2, M-1$$

bestimmt werden. Bei der Dekomposition von Z genügt es, die Werte von u, l und v lediglich einmal zu berechnen. Sie sind zu allen N Zeitpunkten identisch.

Bei der Lösung der Matrizengleichung (3.49) wird nach Kenntnis von U und L für die konkrete Matrix M_l in zwei Schritten vorgegangen. Zu jedem Zeitpunkt wird in einem ersten Schritt die zu (3.49) äquivalente Matrizengleichung

$$L \times U \times W_n^- = W_{n+1}^- - \omega_n$$

nach

$$y = U \times W_n^- \in R^{M-1}$$

gelöst und erst in dem darauffolgenden zweiten Schritt wird W_n^- aus dieser Definition von y bestimmt. Wenn zur Vereinfachung der Notation

$$z = W_{n+1}^- - \omega_n \in R^{M-1}$$

definiert wird, muß y die Gleichungen

$$y_1 = z_1$$
$$l_m y_{m-1} + 1 y_m = z_m \quad \forall m = 2, 3, \dots, M-2, M-1.$$

erfüllen. Durch Umformen folgen die Formeln

(3.59) $$y_1 = z_1$$

(3.60) $$y_m = z_m - l_m y_{m-1} \quad \forall m = 2, 3, \dots, M-2, M-1$$

aus denen y sukzessive bestimmt werden kann. Die Gleichungen, aus den sich im zweiten Schritt das Endergebnis W_n^- bestimmt, lauten

$$u_{M-1} W_{M-1,n} = y_{M-1}$$
$$u_m W_{m,n} + v_m W_{m+1,n} = y_m \quad \forall m = M-2, M-3, \dots, 2, 1.$$

Auch hieraus können die rekursiven Formeln

(3.61) $$W_{M-1,n} = y_{M-1} / u_{M-1}$$

(3.62) $$W_{m,n} = \frac{y_{M-1} - v_m W_{m+1,n}}{u_{M-1}} \quad \forall m = M-2, M-3, \dots, 2, 1$$

für die Werte von W_n^- abgeleitet werden.[38] Im Unterschied zu (3.59) und (3.60) wird dabei aber in der entgegengesetzten Reihenfolge vorgegangen. Beginnend mit dem Wert $W_{M-1,n}$ am oberen Rand des Gitters werden nacheinander alle Werte bis zum unteren Rand $W_{1,n}$ bestimmt.

---

[38] Zur Herleitung der Gleichungen (3.59) bis (3.62) vgl. Wilmott, Dewynne, Howison (1993), S. 297 ff.

Im vorherigen Abschnitt wurde ausgeführt, daß die Explizite Methode Finiter Differenzen auch als Trinomialmodell verstanden werden kann. Wenn dann statt des gesamten Gitters nur der Optionswert für einen Kurs des Basiswertes bestimmt werden soll, kann auf die Kenntnis von Randbedingungen verzichtet werden. Bei der Impliziten Methode Finiter Differenzen ist dies nicht möglich. Zwar haben Brennan, Schwartz (1978) gezeigt, daß auch die Elemente von M_I als Wahrscheinlichkeiten interpretiert werden können, und daß diese Variante der Methode Finiter Differenzen somit als Multinomialmodell verstanden werden kann, doch kann hier i.d.R. nicht auf Angaben über die Randwerte verzichtet werden. Der Grund dafür ist, daß bei der Impliziten Methode Finiter Differenzen nicht lediglich der Optionswert für einen einzigen Aktienkurs bei Laufzeitbeginn bestimmt werden kann sondern wegen des impliziten Gleichungssystems immer die Optionswerte aller Gitterpunkte bestimmt werden müssen.

3.3.3.4 Der Ansatz von Crank-Nicolson

Die Explizite Methode Finiter Differenzen hat zur Berechnung des Optionswertes im Gitterpunkt (m, n) die Differentialgleichung (3.25) im Punkt $(m, n + 1)$ diskretisiert, die Implizite Methode Finiter Differenzen hat den Punkt (m, n) selbst gewählt. Beide Verfahren haben dabei auf Gleichungen (3.26) bis (3.28) aufgebaut und deshalb mit einem Fehler der Ordnung $\Delta L^2 + \Delta t$ gearbeitet. Statt dieser beiden „reinen" Varianten der Methode Finiter Differenzen kann auch eine Mischform gewählt werden, die wegen der zusätzlich benötigten Variable θ auch den Namen θ-Methode Finiter Differenzen trägt. Bei ihr wird die Optionsbewertungsdifferentialgleichung für ein $\theta \in [0,1]$ zum Zeitpunkt $(n + \theta)\Delta t$ und beim Aktienkurs $L_{\min} + m\Delta L$ diskretisiert.[39] Diese Kombination aus Kurs und Zeit entspräche dem Gitterpunkt $(m, n + \theta)$, wird aber für alle θ ungleich Null oder Eins durch keinen Gitterpunkt repräsentiert. Die θ-Methode kann dennoch verwandt werden, da die Differentialgleichung (3.25) nur Ableitungen von W und nicht W selbst beinhaltet. Die Kenntnis des Optionswertes im Punkt

---

[39] Die hier verwandte Definition von θ entspricht in den meisten Artikeln zur θ-Methode gerade $(1 - \theta)$. Grund hierfür ist, daß in den Ingenieurwissenschaften zumeist der Anfangszustand eines Systems bekannt und der Endzustand gesucht ist, während beim hier geschilderten Problem der Optionswert zum Ende der Laufzeit bestimmt werden kann und der aktuelle Wert gesucht wird.

$(m, n + \theta)$ ist deshalb nicht notwendig. Ziel der θ-Methode ist es, durch eine geeignete Wahl der zusätzlichen Variable θ die Ordnung des Fehlers von $\Delta L^2 + \Delta t$ auf $\Delta L^2 + \Delta t^2$ zu verbessern.

Wie bei der Expliziten und Impliziten Methode Finiter Differenzen baut auch die θ-Methode auf den Satz von Taylor auf. Ausgangspunkt der Taylorexpansion ist jetzt aber der Punkt $(m, n + \theta)$. Es gelten deshalb die beiden Gleichungen

$$W(L, t + \Delta t) = W(L, t + \theta \Delta t) + (1 - \theta) \Delta t \frac{\partial W}{\partial t} + \frac{(1 - \theta)^2 \Delta t^2}{2} \frac{\partial^2 W}{\partial t^2} + O(\Delta t^3)$$

$$W(L, t) = W(L, t + \theta \Delta t) - \theta \Delta t \frac{\partial W}{\partial t} + \frac{\theta^2 \Delta t^2}{2} \frac{\partial^2 W}{\partial t^2} + O(\Delta t^3)$$

bei denen alle Ableitungen im Punkt $(L, t + \theta \Delta t)$ gebildet werden. Wenn die Differenz dieser beiden Gleichungen nach der ersten Ableitung von W aufgelöst wird, erhält man als Ergebnis die Differenzengleichung

(3.63)
$$\frac{\partial W}{\partial t} = \frac{W(L, t + \Delta t) - W(L, t)}{\Delta t} + \frac{2\theta - 1}{2} \Delta t \frac{\partial^2 W}{\partial t^2} + O(\Delta t^2).$$

Wird bei der Diskretisierung von $\partial W / \partial t$ nur der Differenzenquotient aus (3.63) berücksichtigt, so ist die Approximation für $\theta \neq \frac{1}{2}$ mit einem Fehler der Ordnung Δt belastet. Da der Koeffizient der zweiten Ableitung nach der Zeit für $\theta = \frac{1}{2}$ verschwindet, verbessert sich bei der gleichen Approximation und dieser Wahl von θ die Ordnung des Fehlers auf Δt^2. Dieser Wahl von θ entspricht der der Crank-Nicolson Methode, bei der die Differentialgleichung (3.25) genau in der Mitte zwischen zwei Gitterpunkten diskretisiert wird.

Um die gesamte Differenzengleichung herzuleiten und ihren Fehler zu überprüfen, müssen noch die Differenzenquotienten für die erste und zweite partielle Ableitung von W nach L untersucht werden. Das Vorgehen wird hier exemplarisch für $\partial W / \partial L$ gezeigt. Wie bei $\partial W / \partial t$ basiert der Ansatz auf zwei Taylorexpansionen, die vom Punkt $(m, n + \theta)$ ausgehen. Anders als bei $\partial W / \partial t$ wird aber nicht die Funktion W selbst sondern deren erste partielle Ableitung nach L expandiert. Es gelten deshalb die Gleichungen

$$\frac{\partial W}{\partial L}(L, t + \Delta t) = \frac{\partial W}{\partial L}(L, t + \theta \Delta t) + (1 - \theta) \Delta t \frac{\partial^2 W}{\partial t \partial L}(L, t + \theta \Delta t) + O(\Delta t^2)$$

$$\frac{\partial W}{\partial L}(L,t) = \frac{\partial W}{\partial L}(L,t+\theta\Delta t) - \theta\Delta t\,\frac{\partial^2 W}{\partial t\,\partial L}(L,t+\theta\Delta t) + O\!\left(\Delta t^2\right).$$

aus denen man für die gesuchte Ableitung nach Multiplikation der ersten Gleichung mit θ, der zweiten mit $(1-\theta)$ und anschließender Addition der Ergebnisse den Ausdruck

$$\frac{\partial W}{\partial L}(L,t+\theta\Delta t) = (1-\theta)\frac{\partial W}{\partial L}(L,t) + \theta\frac{\partial W}{\partial L}(L,t+\Delta t) + O\!\left(\Delta t^2\right)$$

erhält. [40] Wenn jetzt noch die beiden Ableitungen der rechten Seite der Gleichung durch Differenzenquotienten entsprechend Gleichung (3.26) ersetzt werden, erhält man als Ergebnis den Differenzenquotienten

(3.64)
$$\frac{\partial W}{\partial L}(L,t+\theta\Delta t) = (1-\theta)\frac{W(L+\Delta L,t)-W(L-\Delta L,t)}{2\Delta L}$$
$$+\theta\frac{W(L+\Delta L,t+\Delta t)-W(L-\Delta L,t+\Delta t)}{2\Delta L} + O\!\left(\Delta t^2 + \Delta L^2\right).$$

Bei gleichem Vorgehen erhält man für die zweite partielle Ableitung von W nach L den Differenzenausdruck

(3.65)
$$\frac{\partial^2 W}{\partial L^2}(L,t+\theta\Delta t) = (1-\theta)\frac{W(L+\Delta L,t)-2W(L,t)+W(L-\Delta L,t)}{\Delta L^2}$$
$$+\theta\frac{W(L+\Delta L,t+\Delta t)-2W(L,t+\Delta t)+W(L-\Delta L,t+\Delta t)}{\Delta L^2} + O\!\left(\Delta t^2 + \Delta L^2\right).$$

Vor Verwendung in der θ-Methode müssen die Differenzenquotienten in (3.63) bis (3.65) in die Systematik des Gitters gebracht werden. Wenn dabei der Fehlerterm vernachlässigt wird, geht (3.63) in die gegenüber der Expliziten und Impliziten Methode unveränderte Gleichung (3.31) über, während (3.64) und (3.65) zu

(3.66)
$$\frac{\partial W}{\partial L} = (1-\theta)\frac{W_{m+1,n}-W_{m-1,n}}{2\Delta L} + \theta\frac{W_{m+1,n+1}-W_{m-1,n+1}}{2\Delta L}$$

---

[40] Es kann gezeigt werden, daß die Ordnung des Fehlers für die Crank-Nicolson Wahl $\theta = \frac{1}{2}$ sogar nur Δt^3 beträgt. Da jedoch auch Gleichung (3.63) Bestandteil der resultierenden Differenzengleichung ist, beträgt die Ordnung des Fehlers in t für das Endergebnis auch bei dieser Parameterwahl Δt^2.

$$(3.67) \qquad \frac{\partial^2 W}{\partial L^2} = (1 - \theta)\frac{W_{m+1,n} - 2W_{m,n} + W_{m-1,n}}{2\Delta L} + \theta\frac{W_{m+1,n+1} - 2W_{m,n+1} + W_{m-1,n+1}}{2\Delta L}$$

werden. Die in der θ-Methode verwandten Differenzenquotienten entsprechen den mit θ gewichteten Mitteln der in den beiden reinen Varianten genutzten Differenzenquotienten (3.29) und (3.43) bzw. (3.30) und (3.44).[41] Für die Crank-Nicolson Wahl $\theta = \frac{1}{2}$ wird aus dem gewichteten ein ungewichtetes Mittel.

Um den Algorithmus der θ-Methode zu erhalten, müssen die Differenzenquotienten aus (3.31), (3.66) und (3.67) in die Differentialgleichung (3.25) eingesetzt werden. Das Ergebnis lautet

$$(3.68) \qquad \begin{aligned} &(1 - \theta)a_I W_{m-1,n} + \big(\theta + (1 - \theta)b_I\big)W_{m,n} + (1 - \theta)c_I W_{m+1,n} \\ &= \theta a_E W_{m-1,n+1} + \big((1 - \theta) + \theta b_E\big)W_{m,n+1} + \theta c_E W_{m+1,n+1}, \end{aligned}$$

wobei a_I, b_I, c_I, a_E, b_E und c_E den bei der Impliziten und Expliziten Methode Finiter Differenzen verwandten Koeffizienten entsprechen. Gleichung (3.68) ist aufwendiger als die zuvor behandelten Differenzengleichungen der beiden „reinen" Varianten. Jeweils drei Gitterpunkte benachbarter Zeitpunkte stehen hier in einem linearen Verhältnis. Abbildung 3.8 stellt graphisch dar, aus welchen benachbarten Werten $W_{m,n}$ bestimmt wird. Der entscheidende Unterschied zwischen (3.68) und den zuvor behandelten Gleichungen ist aber der mit ihr verbundene Fehlerterm. Für die Crank-Nicolson Parameterwahl $\theta = \frac{1}{2}$ verbessert sich die Ordnung des Fehlers von aus $\Delta L^2 + \Delta t$ auf $\Delta L^2 + \Delta t^2$.

---

[41] Genauso stellt natürlich auch der Differenzenquotient aus (3.63) das mit θ gewichtete Mittel des in der Expliziten und Impliziten Methode verwandten identischen Differenzenquotienten dar.

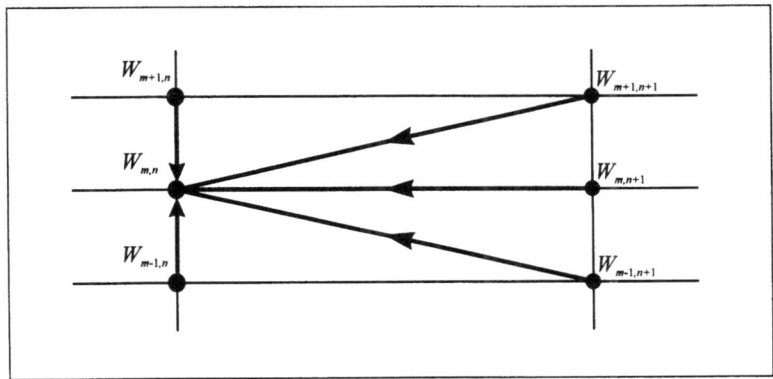

Abbildung 3.8: Zusammenhang der Gitterpunkte bei θ-Methode

Die für die Lösung der Differenzengleichung notwendige gleichzeitige Betrachtung aller Aktienkurse eines Zeitpunktes führt zu der Matrixgleichung

$$(3.69) \qquad \left((1-\theta)M_I + \theta I_{M-1}\right) \times W_n^- = \theta M_E \times W_{n+1}^+ + (1-\theta)(W_{n+1}^- - \omega_n)$$

wobei I_{M-1} für die $(M-1) \times (M-1)$ Einheitsmatrix steht. Man erkennt, wie sich die Bestimmung der Differenzenquotienten als mit θ gewichtetes Mittel der Differenzenquotienten der Expliziten und Impliziten Methode auf die resultierende Differenzengleichung auswirkt. (3.69) ist das mit θ gewichtete Mittel der Differenzengleichungen (3.36) und (3.49). Dadurch handelt es sich auch bei diesem Gleichungssystem für alle $\theta < 1$ um eine implizites Gleichungssystem, das rekursiv unter der Verwendung von Tabelle 3.2 nach den Unbekannten W_n^- gelöst werden muß. Da die Matrix $\left((1-\theta)M_I + \theta I_{M-1}\right)$ tridiagonal ist, kann die aus der Impliziten Methode Finiter Differenzen bekannte Matrixdekomposition verwandt werden. Abbildung 3.9 zeigt das Ergebnis solch einer Berechnung für die bekannte europäische Verkaufoption bei Parameterwahl nach Crank-Nicolson Variante. Der Wert der Option wird bei einem Aktienkurs von 100,00 mit 1,96 bestimmt. Bei einer amerikanischen Option müßte zusätzlich noch die Ausübungsbedingung (3.40) kontrolliert werden.

Aktien-Kurs	Optionswert zum Ende von						
	Monat 0	Monat 1	Monat 2	Monat 3	Monat 4	Monat 5	Monat 6
169,35	0,00	0,00	0,00	0,00	0,00	0,00	0,00
152,42	0,00	0,00	0,00	0,00	0,00	0,00	0,00
137,17	0,04	0,02	0,01	0,00	0,00	0,00	0,00
123,46	0,18	0,12	0,06	0,03	0,01	0,00	0,00
111,11	0,65	0,48	0,41	0,17	0,07	0,01	0,00
100,00	1,96	1,63	1,28	0,89	0,50	0,15	0,00
90,00	4,80	4,43	3,98	3,43	2,69	1,64	0,00
81,00	9,50	9,34	9,18	9,00	8,85	8,79	9,00
72,90	15,50	15,64	15,81	16,03	16,31	16,68	17,10
65,61	21,91	22,25	22,62	23,02	23,46	23,92	24,39
59,05	28,09	28,53	28,99	29,47	29,95	30,45	30,95
53,14	33,79	34,29	34,79	35,30	35,81	36,33	36,86
47,83	38,96	39,48	40,01	40,54	41,08	41,62	42,17

Abbildung 3.9: Crank-Nicolson Gitter einer europäischen Verkaufoption

Die Crank-Nicolson Parameterwahl $\theta = \frac{1}{2}$ hat neben der günstigen Auswirkung auf die Ordnung des Fehlerterms noch eine zusätzliche Bedeutung. Verschiedene Arbeiten haben gezeigt, daß die die θ-Methode für $\theta \leq \frac{1}{2}$ bei beliebiger Maschengröße des Gitters stabil ist.[42] Sie ist also genau dann stabil, wenn der Anteil der Expliziten Variante nicht überwiegt. Es empfiehlt sich deshalb, bei Verwendung der θ-Methode nur mit Parametern zu arbeiten, die die Ungleichung $\theta \leq \frac{1}{2}$ erfüllen. Andernfalls werden die Nachteile der Expliziten Methode (Instabilität bei verschiedenen Maschengrößen) mit denen der Impliziten Methode (Lösung eines impliziten Gleichungssystems) verknüpft, ohne den Vorteil der Crank-Nicolson Methode (günstigerer Fehlerterm) zu erreichen. Berechnungen in dieser Arbeit werden wegen der günstigen Auswirkung auf Stabilität und Fehlerterm überwiegend mit der Crank-Nicolson Wahl $\theta = \frac{1}{2}$ durchgeführt. Erläuterungen zur Anwendung der Methode Finiter Differenzen werden demgegenüber weiterhin auf beliebige $0 \leq \theta \leq 1$ basieren, da so auch die reinen Varianten Explizite und Implizite Methode Finiter Differenzen abgehandelt werden.

---

[42] Vergleiche Smith (1965), S. 60 ff., Richtmyer, Morton (1967), S. 189, Marsal (1989), S. 56 f.

Bislang wurden bei allen Varianten der Methode Finiter Differenzen nur für eine Ausprägung des Gitters Optionswerte bestimmt. Für die Crank-Nicolson Methode soll demgegenüber das Approximationsverhalten bei immer feinerer Unterteilung des Gitters untersucht werden. Dafür wird die bereits zuvor behandelte europäische Verkaufoption bei gleichmäßig steigenden Werten von M und N bewertet. In Abbildung 3.10 stellen die insgesamt 20 Punkte das Ergebnis solch einer Rechnung dar.[43] Die zusätzlich eingetragene Gerade steht für den mittels Gleichung (3.10) berechneten analytischen Optionswert. Man erkennt deutlich, wie sich der Crank-Nicolson Wert bei immer feinerer Unterteilung von Aktienkurs und Laufzeit dem analytischen Wert annähert.

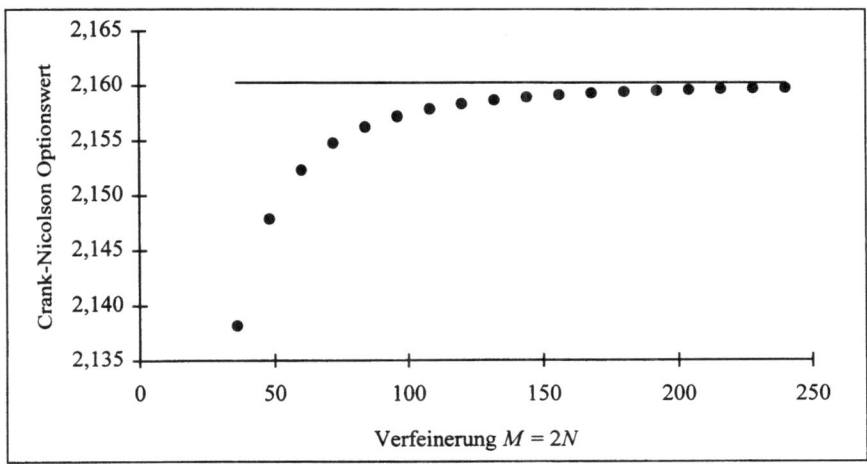

Abbildung 3.10: Approximationsverhalten der Crank-Nicolson Lösung

Im Gegensatz zur Binomiallösung führt eine höhere Feinheit des Gitters für alle Berechnungsergebnisse zu einer besseren Approximation an die analytische Lösung. Sie führt aber auch zu einer immer längeren Berechnungsdauer. Das Ergebnis der letzten untersuchten Verfeinerung $M = 240$ und $N = 120$ liegt nur noch 0,001 vom analytischen Wert 2,160 entfernt, man benötigt dafür aber auch die Berechnung von insgesamt $241 \times 121 = 29.161$ Optionswerten - und noch einmal ähnlich vielen Zwischenwerten. Es erscheint deshalb sinnvoll, nach

---

[43] Da nur Gitter berechnet wurden, bei denen der Ausübungspreis einer der untersuchten Aktienkurse ist, konnten zwischen $M = 36$ und $M = 240$ nur die 20 Vielfachen von 12 als Verfeinerungen gewählt werden.

einem Verfahren zu suchen, das das Approximationsverhalten der Crank-Nicolson Methode noch verbessert.

Geske, Johnson (1984) haben für die analytische Bewertung amerikanischer Verkaufoptionen die Richardson Extrapolation in die Bewertung von Optionen eingeführt. Ihnen ist es über den Einsatz von Compound Optionen gelungen, analytische Formeln für Verkaufoptionen herzuleiten, die nur zu vorab bestimmten und gleichmäßig über die Laufzeit der Option verteilten Zeitpunkten ausgeübt werden dürfen. Geske, Johnson haben dann eine Folge von Optionen definiert, die eine immer kürzere Schrittlänge zwischen den zulässigen Ausübungszeitpunkten besitzen und deren Wert analytisch bestimmt werden kann. Wenn die Schrittlänge gegen Null geht entspricht der Grenzwert dieser Folge gerade dem Wert der amerikanischen Option, die ja zu jedem Zeitpunkt ausgeübt werden kann. Ihren Wert schätzen Geske, Johnson mittels Richardson Extrapolation als Linearkombination von Optionswerten mit positiver Schrittlänge. Die in dieser Arbeit verwandte Crank-Nicolson Methode ähnelt diesem Lösungsansatz. Wie dort ist es möglich, eine Folge von Optionen zu bestimmen, die durch eine immer kürzere Schrittlänge definiert ist und deren Grenzwert der zu untersuchenden Option entspricht. Es erscheint deshalb angebracht, die von Geske, Johnson für analytische Lösungsansätze eingeführte Richardson Extrapolation auch auf die numerische Crank-Nicolson Methode anzuwenden.

Wenn $F(h_1), F(h_2), \ldots, F(h_Q)$ die insgesamt Q Berechnungsergebnisse bei den Schrittlängen $h_1 > h_2 > \ldots > h_Q$ bezeichnet, so schätzt die Richardson Extrapolation den Grenzwert $F(0)$ als den y-Achsenabschnitt eines Polynoms, das durch die Punkte $\left(h_1, F(h_1)\right)$ bis $\left(h_Q, F(h_Q)\right)$ verläuft.[44] Bei Geske und Johnson hat dieses Polynom die Form

$$F(h) = F(0) + \sum_{i=1}^{Q-1} x_i h^i$$

wobei der Grenzwert $F(0)$ und die Q-1 Polynomialkoeffizienten x_i aus den Q Punkten eindeutig bestimmt werden können.

---

[44] Für eine detailliertere Beschreibung der Richardson Extrapolation vergleiche z.B. Bjorck, Dahlquist (1972), S. 5 ff.

Bei der Crank-Nicolson Methode gibt es mit ΔL für den Aktienkurs und Δt für die Laufzeit zwei Schrittlängen, weswegen auch ein Polynomialsummand für jede der beiden Schrittlängen notwendig ist. Da sowohl für ΔL als auch für Δt die Ordnung des Fehlerterms gerade das Quadrat der Schrittlänge beträgt, beginnen hier die Polynomialsummanden jedoch nicht bei ΔL und Δt sondern erst bei ΔL^2 und Δt^2. Das gesamte Polynom hat deswegen die Form

$$F(\Delta L, \Delta t) = F(0,0) + \sum_{i=2}^{Q} x_i \Delta L^i + \sum_{i=2}^{Q} y_i \Delta t^i \ .$$

Um aus dieser Gleichung den Grenzwert $F(0,0)$ zu ermitteln, sind insgesamt $2Q$ - 1 Optionswerte notwendig. Durch geeignete Wahl der Gitterparameter M und N ist es jedoch möglich, die Anzahl benötigter Optionswerte auf Q zu reduzieren. Wenn die insgesamt Q Ausprägungen von M und N nämlich so gewählt werden, daß die Quotienten aus ΔL und Δt für alle Berechnungen identisch sind, so können die beiden Summanden für diese betrachteten Punkte $\left(\Delta L_1, \Delta t_1, F(\Delta L_1, \Delta t_1) \right)$ bis $\left(\Delta L_Q, \Delta t_Q, F(\Delta L_Q, \Delta t_Q) \right)$ zusammengefaßt werden. Es genügt dann, die Gleichung

$$(3.70) \qquad F(\Delta L, \Delta t) = F(0,0) + \sum_{i=2}^{Q} x_i \left(\Delta L^i + \Delta t^i \right)$$

zu untersuchen, bei der Q Crank-Nicolson Optionswerte zur Bestimmung des Grenzwertes $F(0,0)$ und der Q-1 Polynomialkoeffizienten x_i ausreichen.

Die Genauigkeit der Richardson Extrapolation hängt genauso wie die Berechnungsdauer positiv von der Anzahl Q der zur Extrapolation genutzten Optionswerte ab. Geske, Johnson arbeiten mit sehr großen Schrittlängen und deshalb mit Q-Werten von drei oder vier.[45] Abbildung 3.11 macht deutlich, daß bei der Crank-Nicolson Methode bereits $Q = 2$ zu sehr guten Ergebnissen führt. Sie nutzt die bereits für Abbildung 3.10 berechneten Optionswerte. Anders als dort ist in Abbildung 3.11 aber auf der x-Achse statt M der Wert von $100/M^2$ als

---

[45] Die analytischen Bewertungsformeln von Geske und Johnson arbeiten je nach Anzahl der zulässigen Ausübungszeitpunkte mit bi-, tri- oder mehrvariaten Normalverteilungen. Da diese immer aufwendiger numerisch berechnet werden müssen, beginnen sie ihre Folge mit einer Option, die zu keinem Zeitpunkt vorzeitig ausgeübt werden kann, also mit einer europäischen Option. Dies führt zu hohen Schrittlängen aller bestimmten Folgeglieder.

lineares Äquivalent für $\Delta L^2 + \Delta t^2$ aufgetragen. Dies führt dazu, daß die Feinheit des Bewertungsgitters nicht mehr von links nach rechts sondern jetzt in die umgekehrte Richtung von rechts nach links zunimmt. Außerdem sind die Abstände zwischen den x-Koordinaten der berechneten Optionswerte nicht mehr konstant. Man erkennt, daß sie fast perfekt auf einer Linie liegen. Der Korrelationskoeffizient der durch die Punkte gelegten Regressionsgerade liegt bei über 99,99% und bestätigt diesen Eindruck.[46] Gleichzeitig wird deutlich, daß die Regressionsgerade die y-Achse fast exakt im analytisch ermittelten und als Gerade eingezeichneten Optionswert schneidet. Ein Polynom mit $Q = 2$ approximiert den analytischen Wert also bereits sehr gut.

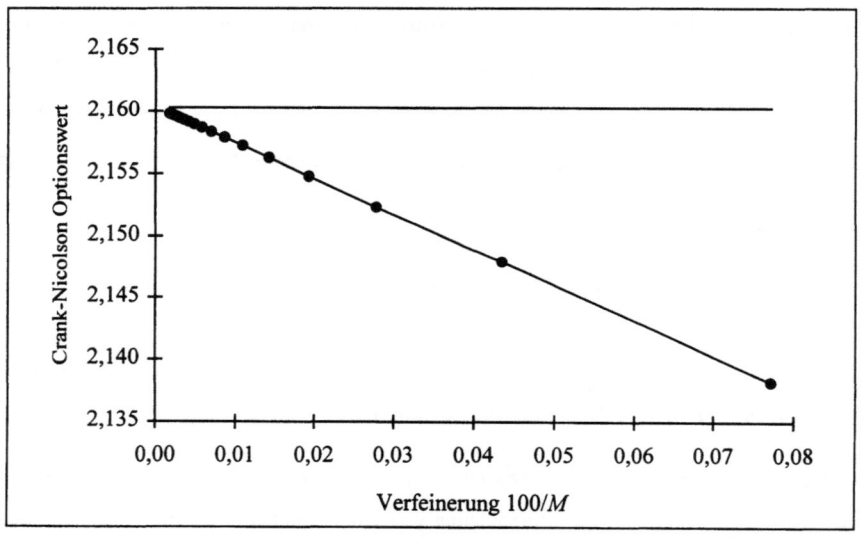

Abbildung 3.11: Approximationsverhalten der Crank-Nicolson Lösung

Es bleibt noch, die genaue Form der Extrapolationsformel zu bestimmen. Bei leicht veränderter Notation bezeichnen darin $F(1)$, $F(x)$ und $F(y)$ die mittels Crank-Nicolson Methode unter Verwendung der Gitterparameter (M,N), (xM,xN) und (yM,yN) bestimmten Optionswerte und $F(\infty)$ den Grenzwert für unendliche Feinheit des Gitters. Die Variablen x und y erfüllen die Ungleichung $1 < x < y$. Für $Q = 2$ lautet dann die Extrapolationsgleichung

---

[46] Der Korrelationskoeffizient gibt den Anteil der Streuung der erklärten Variable, der mittels linearer Regressi-

$$(3.71) \qquad F(\infty) = \det\begin{bmatrix} F(1) & 1 \\ F(x) & 1/x^2 \end{bmatrix} \Big/ \det\begin{bmatrix} 1 & 1 \\ 1 & 1/x^2 \end{bmatrix} = \frac{x^2 F(x) - F(1)}{x^2 - 1}$$

und für $Q = 3$

$$(3.72) \qquad F(\infty) = \det\begin{bmatrix} F(1) & 1 & 1 \\ F(x) & 1/x^2 & 1/x^3 \\ F(y) & 1/y^2 & 1/y^3 \end{bmatrix} \Big/ \det\begin{bmatrix} 1 & 1 & 1 \\ 1 & 1/x^2 & 1/x^3 \\ 1 & 1/y^2 & 1/y^3 \end{bmatrix}$$

$$= \frac{(x-y)F(x) - y^3(x-1)F(y) + x^3(y-1)F(1)}{(x-y) - y^3(x-1) + x^3(y-1)}.$$

In beiden Gleichungen steht $\det[\bullet]$ für die Determinante der eingeschlossenen Matrix. Wie gut die Berechnung mittels Extrapolation den analytischen Wert approximiert, bestätigen die folgenden Berechnungsbeispiele. Für $Q = 2$ führen die Gitterparameter $M = 12$, $N = 6$ und $x = 2$ zu den beiden Optionswerten $F(1) = 1,960$ und $F(x) = 2,110$, die sich noch deutlich von der analytischen Lösung 2,160 unterscheiden. Mit Gleichung (3.71) läßt sich demgegenüber ein Grenzwert $F(\infty) = 2,161$ extrapolieren, der lediglich noch um 0,001 über der analytischen Lösung liegt. Für $Q = 3$ mit dem zusätzlichen Parameter $y = 3$ oder für $Q = 2$ aber leicht erhöhten Gitterverfeinerungen $M = 24$, $N = 12$ und $x = 1,5$ verschwindet auch dieser Unterschied. Falls in Abbildung 3.10 mittels Gleichungen (3.71) und (3.72) berechnete Kurven ergänzt werden, ist optisch kein Unterschied zwischen diesen und der Gerade für den analytischen Wert feststellbar. Es erscheint daher sinnvoll, Rechengenauigkeit und/oder Rechengeschwindigkeit der Crank-Nicolson Methode durch Anwendung der Richardson Extrapolation zu erhöhen.

3.4 Hedgeparameter

Insbesondere für den Verkäufer einer Option sind neben dem Wert der Option auch deren Hedgeparameter von Bedeutung. Sie ermöglichen es ihm, das die Auszahlung der Option duplizierende Portfolio zu erzeugen, und sich so gegen für ihn ungünstige Entwicklungen des Aktienkurses zu schützen. In der Literatur werden regelmäßig fünf verschiedene Hedgepara-

---

on durch die Streuung der erklärenden Variable begründet werden kann. Vgl. Schönfeld (1969), S. 46 f.

meter diskutiert. Sie entsprechen verschiedenen Ableitungen des Optionswertes: Delta und Gamma sind gleich der ersten und zweiten Ableitung nach dem Aktienkurs, Theta, Vega und Rho jeweils gleich der ersten Ableitung nach der Zeit, der Volatilität und dem Zinssatz.[47] Für alle Optionen, bei denen eine analytische Lösung für den Optionswert bekannt ist, existieren auch analytische Lösungen der Hedgeparameter.[48] Für eine europäische Kauf- bzw. Verkauf-optionen gelten für Delta z.B. die Gleichungen

$$\Delta = \frac{\partial C}{\partial S} = N(d_1)$$

bzw.

$$\Delta = \frac{\partial P}{\partial S} = N(d_1) - 1.$$

Für Optionen, bei denen keine geschlossene Lösung bekannt ist, müssen auch die Hedgepa-rameter numerisch bestimmt werden. Das ist grundsätzlich mit allen drei in dieser Arbeit behandelten Methoden möglich. Die verschiedenen numerischen Methoden gleichen sich dabei auch darin, daß sie die Hedgeparameter als Differenzenquotienten von Optionswerten bei unterschiedlichen Ausprägungen von Aktienkurs, Zeit, Volatilität oder Zinssatz abschät-zen. Die Bestimmung dieser zusätzlichen Optionswerte ist aber bei den einzelnen Methoden unterschiedlich aufwendig.

Für das Binomialmodell haben Pelsser, Vorst (1994) eine vergleichsweise einfache Methode zur Bestimmung der zusätzlichen Werte für die Hedgeparameter Delta, Gamma und Theta vorgeschlagen. Durch eine Erweiterung des Binomialbaums um zwei Handelszeitpunkte in die Vergangenheit sind zum eigentlichen Bewertungszeitpunkt $t = 0$ Optionswerte zu insge-samt drei verschiedenen Kursen bekannt, genügend um Delta und Gamma zu bestimmen. Der gleiche Binomialbaum gibt auch Optionswerte zu verschieden Zeitpunkten, aus denen Theta berechnet werden kann. Für die verbleibenden Hedgeparameter Vega und Rho müssen zu-

---

[47] Zusätzlich wäre als sechster Hedgeparameter die Ableitung nach der Dividendenrendite q denkbar. Dieser Hedgeparameter wird in der Literatur nicht behandelt. In der Bestimmung ähnelt er Rho.
[48] Für eine ausführliche Behandlung aller Hedgeparameter vgl. Hull (1997), S. 312 ff., oder Loistl (1996b), S. 380 ff.

sätzliche Binomialbäume mit leicht veränderten Werten von Volatilität und Zinssatz gelöst werden.

Bei der Monte Carlo Methode müssen die zusätzlichen Optionswerte für alle fünf Hedgeparameter durch Simulation bei jeweils einem leicht veränderten Optionsparameter bestimmt werden. Es ist dabei nicht notwendig, jeweils neue Ausprägungen der Zufallsvariable zu erzeugen. Ausgehend vom Anfangskurs werden statt dessen Kursverläufe bestimmt, die bei einem veränderten Parameter aus den gleichen Ausprägungen der Zufallsvariable resultieren. Gegenüber einem Vorgehen, das auf immer neue Zufallsausprägungen aufbaut, wird so nicht nur deutlich weniger Zeit benötigt, es wird gleichzeitig auch ein genaueres Ergebnis erreicht, da alle Optionswerte tendenziell in die gleiche Richtung verfälscht sind.

Bei der Methode Finiter Differenzen können drei der insgesamt fünf Hedgeparameter mit nur minimalem zusätzlichen Aufwand bestimmt werden. Es sind dies die Hedgeparameter Delta, Gamma und Theta, bei denen die zusätzlich benötigten Optionswerte für andere Ausprägungen von S und t im Gitter enthalten sind. Wenn der betrachtete Aktienkurs gerade dem $\tilde{m}$-ten Aktienkurs des Gitters entspricht, so lassen sich unter Berücksichtigung der Gleichungen (3.22) bis (3.24) und des Satzes von Taylor die Werte dieser drei Hedgeparameter durch die Differenzenquotienten

(3.73)
$$\Delta = \frac{\partial V}{\partial S} = \frac{W_{\tilde{m}+1,0} - W_{\tilde{m}-1,0}}{2S\Delta L}$$

(3.74)
$$\Gamma = \frac{\partial^2 V}{\partial S^2} = \frac{(2 - \Delta L)W_{\tilde{m}+1,0} - 4W_{\tilde{m},0} + (2 + \Delta L)W_{\tilde{m}-1,0}}{2(S\Delta L)^2}$$

(3.75)
$$\Theta = \frac{\partial V}{\partial t} = \frac{(2r\Delta t - 3)W_{\tilde{m},0} + 4W_{\tilde{m},1} - W_{\tilde{m},2}}{2\Delta t}$$

aus den bekannten Optionswerten des Gitters abschätzen.[49] Für die Bestimmung der beiden verbleibenden Hedgeparameter Vega und Rho reicht ein Optionsgitter nicht aus. Hier ist es wie bei den anderen numerischen Methoden notwendig, mehrere Optionen bei jeweils unterschiedlichen Volatilitäten bzw. Zinssätzen zu bewerten und erst anschließend die Ableitungen durch Differenzenquotienten zu schätzen.

Das Vorgehen bei der numerischen Bestimmung der Hedgeparameter exotischer Optionen unterscheidet sich nur geringfügig von dem hier für Standard Optionen geschilderten. Es wird deshalb in den folgenden Kapiteln über exotische Optionen auch nicht extra behandelt.

---

[49] Bei allen drei Differenzenquotienten wurde eine Taylorexpansion verwandt, deren Fehlerterm die Ordnung ΔL^2 bzw. Δt^2 besitzt und damit dem der Crank-Nicolson Methode entspricht.

4 Barrier Optionen

4.1 Beschreibung und Einsatz

Als erste Gruppe pfadabhängiger Optionen soll in diesem Kapitel die Klasse der Barrier Optionen behandelt werden. Dafür werden zuerst Vertragseigenschaften und Einsatzgebiete erläutert und anschließend die analytische und numerische Bewertung untersucht. Da sich der Einsatz eines Gitters mit zwei Freiheitsgraden für Optionen dieser Klasse als besonders geeignet erweist, liegt dabei der Schwerpunkt bei der Behandlung der Bewertung auf dem Einsatz der Crank-Nicolson Methode Finiter Differenzen.

Wie alle pfadabhängigen Optionen unterscheiden sich auch Barrier Optionen dadurch von Standard Optionen, daß für die aus ihnen resultierende Zahlung nicht nur der aktuelle Aktienkurs bei Fälligkeit sondern auch dessen Ausprägungen während der Optionslaufzeit von Bedeutung sind. Für Barrier Optionen ist die Zahlung davon abhängig, ob der Kurs des Basiswertes innerhalb der Laufzeit der Option eine oder mehrere Schranken, die Barriers, mindestens einmal erreicht hat. Wenn aus dem Kursverlauf eine Zahlung resultiert, so entspricht deren Höhe der der äquivalenten Standard Option und ist damit nur vom aktuellen Aktienkurs abhängig.

Die verschiedenen Varianten von Barrier Optionen unterscheiden sich durch die Kombination der möglichen Vertragseigenschaften Up oder Down, In oder Out, Single oder Double und mit oder ohne Rebate. Die Bedeutungen dieser Vertragseigenschaften sind in Tabelle 4.1 erläutert. Sie können nahezu beliebig kombiniert werden.[1] Entsprechend führt eine Single Up+Out Verkaufoption ohne Rebate für den Optionsinhaber genau dann zu einer Zahlung entsprechend der ansonsten äquivalenten Standard Verkaufoption, wenn der Kurs des Basiswertes innerhalb der Laufzeit der Option die vorab definierte Barrier niemals erreicht. Aus einer Double In Kaufoption mit Rebate resultiert demgegenüber bei Fälligkeit eine Zahlung wie bei der ansonsten äquivalenten Kaufoption, falls eine der beiden Kursschranken mindestens einmal erreicht wird, und in eine Einmalzahlung in Höhe der Rebate, falls dies nicht der Fall ist.

Single/Double	Die Option besitzt eine/zwei Schranken
Up/Down	Die Barrier liegt oberhalb/unterhalb des aktuellen Aktienkurses
In/Out	Eine Zahlung in Höhe der ansonsten äquivalenten Standard Option erfolgt nur, wenn der Kurs des Basiswertes die Schranke innerhalb der Laufzeit der Option mindestens einmal/niemals erreicht hat
Mit/ohne Rebate	Bei Erreichen der Barrier (Out Optionen) bzw. falls die Barrier bei Ende der Laufzeit nicht erreicht wurde (In Optionen) findet eine/keine Zahlung in Höhe des Rebate statt

Tabelle 4.1: Ausgestaltungsvarianten von Barrier Optionen

Als Beispiel für die Auszahlungsfunktion einer Barrier Option soll hier die bereits verbal erläuterte Single Up+Out Barrier Kaufoption ohne Rebate aufgeführt werden. Falls H die Kursschranke dieser Option bezeichnet, so lautet die funktionale Form der bei Fälligkeit resultierenden Zahlung:

(4.1)
$$V(S,J,T) = \begin{cases} [S-X]^+ & \Leftrightarrow \quad J \leq H \\ 0 & \Leftrightarrow \quad J > H \end{cases}$$

wobei

(4.2)
$$J = \max_{0 \leq \tau \leq T}\{S(\tau)\}$$

für das Maximum der während der Laufzeit der Option aufgetretenen Aktienkurse steht. Dieses Maximum in der Auszahlungsfunktion stellt die pfadabhängige Komponente von Up Barrier Optionen dar. Bei Down Barrier Optionen ist diese pfadabhängige Komponente J demgegenüber durch das Minimum der Aktienkurse

(4.3)
$$J = \min_{0 \leq \tau \leq T}\{S(\tau)\}.$$

---

[1] Eine Ausnahme bilden die Vertragseigenschaften Up/Down und Double. Double Barrier Option besitzen zwei

gegeben. In beiden Fällen hat der Extremkurs nur eine Auswirkung auf das grundsätzliche Stattfinden einer Zahlung und nicht auf deren konkrete Höhe.

Für eine Single Up+Out Barrier Kaufoption ohne Rebate mit $S(0) = X < H$ veranschaulicht Abbildung 4.1, wie sich die Barrier auf die Auszahlung bei Fälligkeit auswirkt. Abbildung 4.1 beinhaltet zwei Kursverläufe, die beim gleichen Wert beginnen und aufhören, sich aber dazwischen unterscheiden. Bei beiden Kursverläufen endet die Option im Geld, aber nur bei der mit A bezeichneten Kurve hat der Basiswert die Schranke innerhalb der betrachteten Laufzeit nicht berührt. Die Up+Out Option führt deswegen für diesen Kursentwicklung zu einer Auszahlung entsprechend der äquivalenten Standard Option, während sie im Fall B wertlos verfällt.

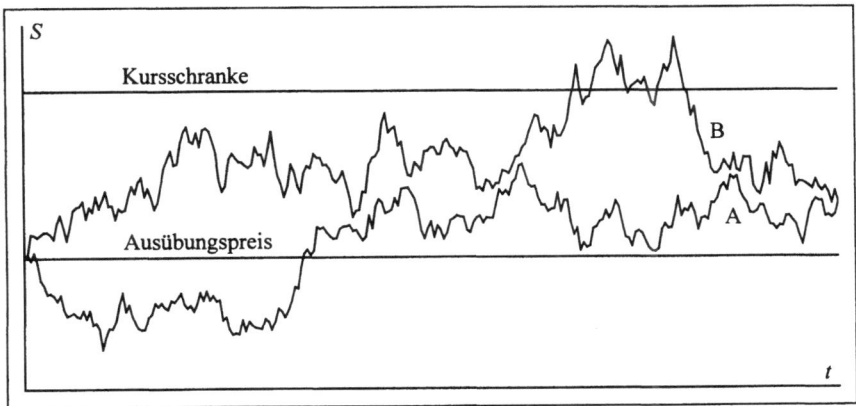

Abbildung 4.1: Auswirkung der Barrier bei unterschiedlichen Kursverläufen.

Barrier Optionen gehören zu den ältesten gehandelten exotischen Optionen. Sie werden in den USA bereits seit den späten 60er Jahren im OTC-Bereich und seit 1991 auch an verschiedenen Börsen gehandelt.[2] In Deutschland sind sie ebenfalls im OTC-Bereich und sehr stark in der Form von an Börsen gehandelten Optionsscheinen vertreten.[3]

Schranken, eine auf jeder Seite des aktuellen Aktienkurses. Sie haben demzufolge immer sowohl eine Up als auch eine Down Barrier.
[2] Vgl. Merton (1973), S. 175, Cox, Rubinstein (1985), S. 409, Kat, Verdonk (1995).
[3] Vgl. Schäfer, Rodt (1996).

Ein Engagement in Barrier Optionen kann sich für Stillhalter und Inhaber gleichermaßen vorteilhaft gestalten. Der Stillhalter ist durch sie in der Lage, seinen maximalen aus der Option resultierenden Verlust zu begrenzen. Anders als bei Standard Optionen kann eine Out Barrier Option nämlich so gestaltet werden, daß die aus ihr resultierende Zahlung für beliebige Aktienkursverläufe einen vorab definierten Wert niemals überschreitet. Eine Up+Out Kaufoption beispielsweise führt für keinen Kursverlauf des Basiswertes zu einer Zahlung, die größer als $max(H - X, R)$ ist, für $R = 25$, $X = 100$ und $H = 120$ beträgt der maximale Verlust also z.B. 25. Eine ansonsten identische Kaufoption kann demgegenüber in beliebig hohe Verluste resultieren. In der Literatur wird deshalb für Optionen dieser Form häufig auch der Name „Limited Risk Option" verwandt.[4]

Für Optionskäufer ist die Anlage in Barrier Optionen sinnvoll, wenn sie konkrete Vorstellungen über die zukünftige Entwicklung eines Basiswertes besitzen. Ein Marktteilnehmer mit der Annahme, daß der Kurs einer Aktie sich in einem bestimmten Umfang in eine vorgegebene Richtung bewegen wird, kann je nach Richtung und Umfang dieser Bewegung durch Kombination der Barrier Eigenschaften In/Out und Up/Down ein aus lediglich einer Option bestehendes Portfolio aufbauen, das bei Eintreten dieses Kursverlaufes Geld verdient. Seine Kosten für den Aufbau des Portfolios sind dabei geringer, als wenn er das gleiche Ziel durch Standard Optionen verfolgen würde.

Galitz (1995) gibt ein Beispiel für die Anwendung von Barrier Optionen zu Absicherungszwecken.[5] Ein Unternehmen, das zu einem festen Termin T eine Zahlung in Fremdwährung erwartet, kann sich durch den Kauf eine Single Up+Out Verkaufoption ohne Rebate vergleichsweise preiswert gegen fallende Kurse absichern und gleichzeitig weiter, wenn auch nur in begrenztem Umfang, von steigenden Kursen profitieren. Es muß dafür die Barrier Option so auswählen, daß die Kursschranke H größer als der Ausübungspreis X ist. Sobald der Wechselkurs die Barrier erreicht und damit das Optionsrecht verfällt, muß das Unternehmen zusätzlich die gesamte Fremdwährungszahlung auf Termin verkaufen. Es erhält dafür das aktuelle Kursniveau H, bereinigt um die Zinsdifferenz zwischen beiden Währungen. Falls der Kurs des Basiswertes die Kursschranke innerhalb der Laufzeit der Option nicht erreicht, so

---

[4] Weitere in der Literatur verwandte Namen für Optionen dieser Klasse sind Knockout für Out und Knockin für In Barrier Optionen.

kann die Firma bei Fälligkeit die Option ausüben und erhält mindestens den Wechselkurs X. Wenn $E(T)$ für den Wechselkurs steht, zu dem das Unternehmen den Zahlungseingang umtauscht, so erfüllt $E(T)$ für diese Absicherungsstrategie die Gleichung

$$E(T) = \begin{cases} He^{(r-q)(T-\tau)} & \Leftrightarrow \quad J(T) \geq H \\ \max(S(T), X) & \Leftrightarrow \quad J(T) < H \end{cases}$$

mit

$$\tau = \min\left\{ t \in [0, T] : S(t) = H \right\}.$$

Die Firma stellt also sicher, daß sie die gesamten Fremdwährungseingänge zu einem Wechselkurs zwischen X und ungefähr H tauscht. Die Kosten der Absicherungsstrategie sind geringer, als wenn sie die Absicherung durch eine Standard Verkaufoption mit dem gleichen Ausübungspreis betreiben würde. Der Preis für diesen Kostenvorteil ist eine Begrenzung des möglichen Wechselkursgewinns, falls die Fremdwährung über H steigt. Absicherungsstrategien mit Barrier Optionen sind deswegen insbesondere für preissensible Kunden sinnvoll, denen sichere Einsparungen bei den Kosten wichtiger als mögliche Gewinne aus zusätzlichen Kurssteigerungen sind.

In Theorie und Praxis ist es in den letzten Jahren immer wieder zu Neuentwicklungen im Bereich der Barrier Optionen gekommen. Beispiele für theoretische Weiterentwicklungen sind die Barrier Optionen mit diskreter Überwachung der Schranke durch Kat, Verdonk (1995) oder die Pariser Barrier Optionen von Chesney et al. (1997), bei denen die Kursschranke nur als erreicht gilt, wenn der Basiswert sie zumindestens während einer vorab definierten Zeitspanne durchbrochen hat. In der Praxis sind z.B. Optionen angeboten worden, die bei Erreichen der Kursschranken zwar einen Rebate aber unabhängig davon niemals den Auszahlungsbetrag der äquivalenten Standard Optionen vergüten, oder solche, die bei Erreichen verschiedener nacheinander geschalteter Barriers Rebates verschiedener Höhe auszahlen.[6] Es würde den Umfang dieser Arbeit sprengen, sollten alle diese Weiterentwicklungen berücksichtigt

---

[5] Vgl. Galitz (1995), S. 317 f.
[6] Vgl. hierzu die an der Frankfurter Wertpapierbörse gehandelten HIT Optionsscheine von Sal. Oppenheim jr. & Cie. oder die ONION Optionsscheine des Bankers Trust.

werden. Und selbst wenn dieser Ansatz verfolgt würde, so wäre das Ergebnis innerhalb kürzester Zeit wieder unvollständig. Das Ziel dieser Arbeit ist es deswegen, hier - genauso wie bei den später behandelten pfadabhängigen Optionen - die Bewertung der wichtigsten Vertreter jeder Klasse herzuleiten und erst später Möglichkeiten für die Erweiterung auf andere Varianten aufzuzeigen.

4.2 Geschlossene Lösungen

Als erste analytische Lösung einer Barrier Option wurde bereits von Merton (1973) die Bewertungsformel einer europäischen Single Down+Out Kaufoption ohne Rebate hergeleitet.[7] Merton hat dafür die aus Kapitel 3 bekannten Optionsbewertungsdifferentialgleichung (3.7) unter Berücksichtigung der für die Option spezifischen Randwertbedingungen gelöst.[8] In der Folge haben sich zahlreiche Arbeiten mit der Erweiterung dieses Ergebnisses beschäftigt. Cox, Rubinstein (1985) haben die gleiche Option um einen Rebate erweitert und danach erneut bewertet.[9] Anders als bei Merton haben sie dafür die Optionsbewertungsdifferentialgleichung nicht direkt gelöst, sondern zuerst die geschlossene Lösung der Option im Binomialmodell ermittelt, und erst danach die analytische Lösung im kontinuierlichen Fall als deren Grenzwert bestimmt. Rubinstein, Reiner (1991) haben über den risikofreien Bewertungsansatz von Cox, Ross (1976) sämtliche europäische Single Barrier Optionen mit und ohne Rebate bewertet. Kumitomo, Ikeda (1992) haben analytische Formeln auch für Double Barriers hergeleitet. Da bei der Integration des vorzeitigen Ausübungsrechtes die gleichen Probleme wie bei Standard Optionen auftreten, gelten all diese Formeln aber bis auf Sonderfälle nur für europäische Optionen.[10]

Geschlossene Formeln von Barrier Optionen unterscheiden sich nicht nur durch die Wahl der vier verschieden Gestaltungsvarianten aus Tabelle 4.1, sie sind auch je nach relativer Lage des Ausübungspreises zur Barrier unterschiedlich. Allein zur vollständigen Bewertung aller euro-

---

[7] Vgl. Merton (1973), S. 175 ff.
[8] Zur Herleitung der Bewertungsdifferentialgleichung von Barrier Optionen siehe Abschnitt 4.3.1.
[9] Vgl. Cox, Rubinstein (1985), S. 408 ff.
[10] Wie bei Standard Optionen bilden auch hier Kaufoptionen auf Basiswerte ohne Dividendenzahlung während der Laufzeit der Option eine Ausnahme. Zwar wird dieser Optionstyp als Barrier unter Umständen vorzeitig

päischen Single Barrier Kauf- und Verkaufoptionen gibt es deswegen insgesamt $2^5 = 32$ verschiedene Bewertungsformeln.[11] Dazu kommen noch einmal eine ähnlich große Anzahl von Formeln für Double Barrier Optionen. Aus der Vielzahl dieser Formeln soll hier stellvertretend und ohne Herleitung nur die einer europäischen Single Up+Out Verkaufoption ohne Rebate und mit dem Minimum $J(t) < X < H$ angegeben werden. Sie lautet

$$(4.4) \qquad P(S,J,t) = -Se^{-q(T-t)}\left[N(-d_1) - (H/S)^{2(r-q)/\sigma^2 - 1} N(-d_3) \right]$$

$$+ Xe^{-r(T-t)}\left[N(-d_2) - (H/S)^{2(r-q)/\sigma^2 - 1} N(-d_3 + \sigma\sqrt{T-t}) \right]$$

mit d_1 und d_2 entsprechend Gleichung (3.11) und (3.12) und

$$(4.5) \qquad d_3 = \frac{\ln(H^2/SX) + (r - q + \sigma^2/2)(T-t)}{\sigma\sqrt{T-t}}.$$

Für eine Option mit $S = 95$, $X = 100$, $H = 110$, $r = 10\%$, $q = 5\%$, $\sigma = 25\%$ und $T = \frac{1}{2}$ folgt aus diesen Formeln ein Wert von 7,32. Er liegt um 0,60 unter dem aus Gleichung (3.10) bestimmten Wert der äquivalenten Verkaufoption ohne Barrier von 7,92. Der erste Summand in jeder der beiden eckigen Klammern aus (4.4) entspricht dem Multiplikator für den Aktienkurs bzw. Ausübungspreis aus der Bewertungsformel (3.10). Man kann die Bewertungsformel dieser Barrier Option also als Wert der Standard Option minus einem Korrekturterm bestimmen. Der Korrekturterm, der für die untersuchte Option 0,60 beträgt, entspricht dabei gerade dem Wert der entsprechenden Up+In Verkaufoption ohne Rebate. Die Herleitung dieser und der meisten weiteren Bewertungsformeln findet man außer in den angegebenen Quellen auch bei Reimer, Sandmann (1995) oder bei Mayer (1996).[12]

---

ausgeübt, doch ist dabei die Bestimmung des Ausübungskurses einfach; er entspricht der Kursschranke. Geschlossene Formeln können deswegen einfach hergeleitet werden.
[11] Einige dieser 32 Kombinationen haben den Wert Null. Beispiel dafür ist eine Up+Out Kaufoption ohne Rebate bei Parameterwahl $H < X$, die niemals ins Geld gelangen kann. Bei der Bewertung der übrigen Optionen kann genutzt werden, daß ein Portfolio ansonsten identischer In und Out Optionen ohne Rebate gerade die entsprechende Standard Option dupliziert. Insbesondere Rubinstein, Reiner (1991) gelangen auf diese Weise vergleichsweise einfach zu geschlossenen Formeln aller 32 Kombinationen.
[12] Vgl. Mayer (1996), S. 43 ff.

4.3 Bewertung mittels Methode Finiter Differenzen

4.3.1 Algorithmus

Im vorherigen Abschnitt wurde deutlich, daß für europäische Barrier Optionen analytische Lösungen bekannt sind, daß aber das Gleiche nicht für amerikanische Barrier Optionen gilt. Für sie ist deswegen die im folgenden detailliert behandelte numerische Bewertung von großer Bedeutung. Grundsätzlich können dabei alle drei im letzten Kapitel vorgestellten Methoden verwandt werden, der Einsatz der Monte Carlo Methode und des Binomialmodells hat aber bei diesen Optionen einige Nachteile. Der Fokus dieses Abschnitts liegt deshalb auf der Crank-Nicolson Methode Finiter Differenzen.

Die Nachteile der Bewertung mittels Monte Carlo Methode wurden für alle pfadabhängigen Optionen bereits im Abschnitt über Standard Optionen erläutert: Sie ist einfach aber zu zeitaufwendig. Mit dem Einsatz des Binomialmodells bei Barrier Optionen haben sich zahlreiche Arbeiten beschäftigt.[13] Die Integration der zusätzlichen Kursschranke in den Binomialbaum und damit die Berechnung eines modellspezifischen Optionswertes ist einfach. Ausgehend von den Knoten des letzten Handelszeitpunkts werden unter der Annahme, daß die Barrierbedingung in der Vergangenheit noch nicht erfüllt wurde, rekursiv Optionswerte für jeden Knoten bestimmt. Als gemeinsames Problem wurde aber in allen Arbeiten das Approximationsverhalten an die Lösung bei kontinuierlichem Handel erkannt. Im Binomialmodell können nur endlich viele diskrete Aktienkurse auftreten. In einem konstanten Binomialbaum unterscheiden sich deshalb die Ergebnisse zweier Barrier Optionen, die sich nur durch die Höhe ihrer Kursschranken unterscheiden, genau dann nicht, wenn die beiden Kursschranken zwischen den gleichen im Binomialbaum auftretenden Aktienkursen liegen. Abbildung 4.2 macht dies deutlich. Obwohl die erste Kursschranke H_1 deutlich kleiner als die zweite H_2 ist, liegen beide Kursschranken in dem eingezeichneten Binomialbaum zwischen den gleichen Aktienkursen uS und u^2S. Der Wert zweier Barrier Optionen, die sich nur durch die beiden Kursschranken H_1 und H_2 unterscheiden, wäre deswegen in diesem Binomialbaum identisch. Sie würden beide bewertet, als läge die Kursschranke beim Kursniveau u^2S. Allgemein gilt, daß bei Up Barrier Optionen der kleinste auftretende Kurs oberhalb und bei Down Barrier Optionen der größte unterhalb der tatsächlichen Barrier der Aktienkurs ist, zu dem die zusätzliche Barrierbedingung greift. Dies ist der Barrierwert, der für die Berechnung zugrundegelegt wird und in der Regel nicht mit dem wahren Barrierwert übereinstimmt.[14] Das Ergebnis approximiert deshalb den Wert bei kontinuierlichen Handel immer dann relativ gut, wenn der Abstand zwischen tatsächlicher und in der Berechnung genutzter Barrier möglichst gering ist. In Abbildung 4.2 würde also die analytische Lösung der Up Barrier Option mit der Kursschranke H_2 besser durch das Binomialergebnis approximiert als die analytische Lösung der ansonsten identischen Up Barrier Option mit Kursschranke H_1. Das Problem des Binomialmodells ist, daß mit der Anzahl N der Zeitschritte nur ein Freiheitsgrad zur Verfügung steht. N definiert deshalb nicht nur die Länge des Intervalls zwischen zwei Handelszeitpunkten, es bestimmt auch die möglichen Kurse des Basiswertes. Es ist darum nicht möglich, den Unterschied zwischen dem wahren und dem im Binomialmodell benutzten Barrierwert und damit auch die Differenz zwischen der analytischen Lösung und dem Binomialwert beliebig zu minimieren.[15]

---

[13] Vgl. Reimer, Sandmann (1993), Boyle, Lau (1994), Schäfer (1994), Derman et al. (1995).

[14] Da im Binomialmodell nach Cox, Ross, Rubinstein (1979) die Parameter u und d so gewählt werden, daß sie die Gleichung $d = 1/u$ erfüllen, ist der bei der Berechnung zugrundegelegte Barrierwert über die Laufzeit konstant.

[15] Reimer, Sandmann (1995) arbeiten mit dem Konzept der „Optimal Refinement Numbers". Sie bestimmen die Verfeinerungen N, bei denen der Abstand zwischen tatsächlicher und im Modell genutzter Barrier möglichst gering ist. Die zugehörigen Optionswerte approximieren den Wert bei kontinuierlichem Handel deutlich besser als zuvor, wegen der verbleibenden Differenz aber noch immer fehlerhaft.

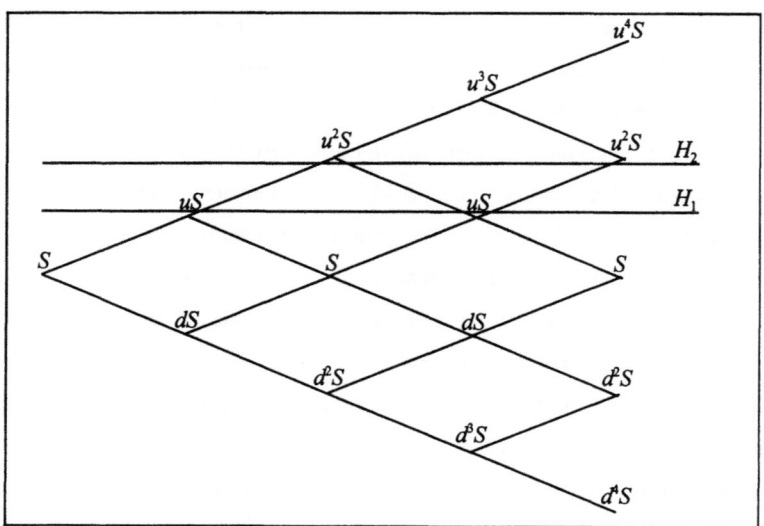

Abbildung 4.2: Berücksichtigung der Barrier im Binomialmodell

Anders als das Binomialmodell besitzt die Methode Finiter Differenzen für jede Gitterdimension eine eigene Verfeinerung und damit auch eine entsprechende Anzahl an Freiheitsgraden. Es ist deshalb wesentlich einfacher, die zusätzliche Barrier in das Bewertungsgitter der Methode Finiter Differenzen zu integrieren. Bei der Bewertung dieser pfadabhängigen Optionen ist jedoch zu beachten, daß der Optionswert $V(S, J, t)$ von drei Variablen abhängig ist. In der Differentialgleichung oder den Randwertbedingungen, die zusammen das Optionsbewertungsproblem definieren, können deswegen auch Ableitungen nach maximal drei Variablen auftreten. Da jede Ableitung durch einen Differenzenquotienten ersetzt wird, und da für diese Differenzenquotienten Optionswerte zu verschiedenen Ausprägungen der betroffenen Variable benötigt werden, entspricht die Anzahl der Dimensionen des Bewertungsgitters gerade der Anzahl an Variablen, nach denen in Differentialgleichung oder Randwertbedingungen eine Ableitung gebildet wird. Anders als für Standard Optionen ist deshalb für Barrier Optionen unter Umständen ein dreidimensionales Bewertungsgitter notwendig. Um die genaue Anzahl Gitterdimensionen zu bestimmen, müssen aber zuerst Optionsbewertungsdifferentialgleichung und Randwertbedingungen hergeleitet werden. Im folgenden wird zuerst die Bewertungsdifferentialgleichung von Barrier Optionen hergeleitet. In ihr müssen jetzt auch die Änderungen von J berücksichtigt werden. Das dafür notwendige Vorgehen wird am Beispiel einer Down Barrier Option erläutert. Dabei wird einem Ansatz aus Dewynne, Wilmott (1994) gefolgt.[16]

Zur Herleitung der Differentialgleichung einer Option, deren Wert wie bei Down Barrier Optionen neben Aktienkurs und Laufzeit auch vom Minimum der aufgetretenen Aktienkurse abhängt, wird zuerst die Hilfsvariable

(4.6)
$$J_n(t) = \left(\int_0^t \left(S(\tau) \right)^{-n} d\tau \right)^{-1/n}$$

definiert. Ihr Grenzwert für n gegen unendlich entspricht gerade dem Minimum aller bis zum Zeitpunkt t aufgetretenen Aktienkurse. Es wird nun zuerst die Bewertungsdifferentialgleichung einer von J_n abhängigen Option hergeleitet, und erst danach die gesuchte Differentialgleichung als deren Grenzwert bestimmt.

In einem ersten Schritt wird die Veränderung von J_n in einem kurzen Zeitintervall dt als

$$dJ_n = -\frac{1}{n} \left[\int_0^t \left(S(\tau) \right)^{-n} d\tau \right]^{-1/n-1} \left(S(\tau) \right)^{-n} dt$$

bzw. nach einigen Umformungen als

(4.7)
$$dJ_n = -\frac{J_n}{n} \left(\frac{J_n}{S} \right)^n dt$$

hergeleitet. Diese Veränderung von J_n muß bei der Änderung des Optionswertes berücksichtigt werden. Gleichung (3.2) hat deswegen für Down Barrier Optionen die veränderte Form

(4.8)
$$dV = \left(\frac{\partial V}{\partial S} \mu S + \frac{\partial V}{\partial t} + \frac{1}{2} \frac{\partial^2 V}{\partial S^2} \sigma^2 S^2 - \frac{J_n}{n} \left(\frac{J_n}{S} \right)^n \frac{\partial V}{\partial J_n} \right) dt + \frac{\partial V}{\partial S} \sigma S dz .$$

Die Herleitung der von $V(S,J_n,t)$ erfüllten Optionsbewertungsdifferentialgleichung wird mit dem gleichen Portfolio und in den gleichen Schritten wie in Kapitel 3 durchgeführt. Sie lautet

---

[16] Dewynne, Wilmott (1994) haben die identische Optionsbewertungsdifferentialgleichung der im nächsten Kapitel behandelten Lookback Optionen hergeleitet.

$$(4.9) \qquad \frac{\partial V}{\partial t} + (r-q)S\frac{\partial V}{\partial S} + \frac{1}{2}\sigma^2 S^2 \frac{\partial^2 V}{\partial S^2} - \frac{J_n}{n}\left(\frac{J_n}{S}\right)^n \frac{\partial V}{\partial J_n} = rV .$$

Der Grenzwert für n gegen unendlich entspricht der Bewertungsdifferentialgleichung von Optionen, die neben Aktienkurs und Zeit auch vom Minimum der aufgetretenen Aktienkurse abhängen. Wegen $\lim_{n\to\infty}(J_n/S) \leq 1$ ist der Grenzwert des Koeffizienten vor $\partial V/\partial J_n$ gerade Null und der von (4.9)

$$\frac{\partial V}{\partial t} + (r-q)S\frac{\partial V}{\partial S} + \frac{1}{2}\sigma^2 S^2 \frac{\partial^2 V}{\partial S^2} = rV .$$

Er entspricht damit gerade der Bewertungsdifferentialgleichung (3.7) einer Standard Option und beinhaltet somit keine Ableitung nach der zusätzlichen Variable J.

Die Bewertungsdifferentialgleichung von Optionen, die wie Up Barrier Optionen neben Aktienkurs und Zeit auch vom Maximum der aufgetretenen Aktienkurse abhängen, wird auf ähnliche Weise hergeleitet. Lediglich die Hilfsvariable J_n wird zu

$$(4.10) \qquad J_n(t) = \left(\int_0^t (S(\tau))^n d\tau\right)^{1/n}$$

verändert, damit ihr Grenzwert dem erforderlichen Maximum der aufgetretenen Aktienkurse entspricht. Nach den gleichen Schritte wie oben folgt auch für diese Optionen die Bewertungsdifferentialgleichung (3.7) von Standard Optionen.

Die Optionsbewertungsdifferentialgleichung aller Barrier Optionen besitzt also genau wie die von Standard Optionen nur Ableitungen nach zwei Variablen. Falls auch die Randwertbedingungen keine Ableitungen nach J beinhalten, genügt damit ein zweidimensionales Gitter für die Verwendung der Methode Finiter Differenzen. Zur Herleitung der Randbedingungen müssen zunächst Kurse bestimmt werden, bei denen Aussagen über den Optionswert möglich sind. Bei Standard Optionen sind diese Kurse deutlich ober- bzw. unterhalb des Ausübungspreises. Barrier Optionen benötigen andere Kurse. Bei Up Barrier Optionen entspricht der Maximal- und bei Down Barrier Optionen der Minimalkurs der Schranke H. Nur der jeweils andere Extremkurs wird bei beiden Optionsarten so weit von Kursschranke und Ausübungspreis entfernt gewählt, daß wie bei Standard Optionen angenommen werden kann, daß beide

Werte innerhalb der verbleibenden Laufzeit der Option von dort nicht mehr erreicht werden können. Bei Double Barrier Optionen werden sogar beide Extremkurse durch je eine Kursschranke beschrieben. Anders als bei Single Barriers ist deshalb bei diesen Varianten von Barrier Optionen der Ausübungspreis in der Regel kein Kurs des Bewertungsgitters.

Tabelle 4.2 beschreibt die für diese Kurse geltenden Randwertbedingungen von Barrier Optionen. Sie gibt den Wert von Out und In Barrier Optionen bei Erreichen der drei Gitterränder Nicht-Barrier, Barrier und Fälligkeit. Bei Erreichen der Nicht-Barrier, für Up Optionen ist das S_{min}, für Down Optionen S_{max}, kann angenommen werden, daß der Basiswert die Kursschranke innerhalb der verbleibenden Laufzeit nicht mehr erreichen wird. Während der Wert einer Out Barrier Option deshalb dem der äquivalenten Standard Option entspricht, kann bei In Barrier Optionen angenommen werden, daß die Option nicht mehr in eine Standard Option gewandelt wird und der Optionsinhaber deshalb bei Fälligkeit den Rebate erhält. Bei Erreichen der Kursschranke greift die zusätzliche Bedingung von Barrier Optionen. In Barrier Optionen verwandeln sich in die entsprechende Standard Option und nehmen deren Wert an, während europäischen Out Optionen bei Zahlung der Rebate verfallen.[17] Bei amerikanischen Out Barrier Optionen hat der Optionsinhaber die Möglichkeit, unmittelbar vor Erreichen der Barrier die Option auszuüben. Er wird dies tun, wenn der innere Wert der Option die Einmalzahlung übersteigt. Bei Fälligkeit der Option gilt, daß sich der Aktienkurs während der gesamten Laufzeit der Option nur innerhalb des Bewertungsgitters bewegt hat und deshalb die zusätzliche Barrier Bedingung nicht greift. Die Auszahlung von Out Barrier Optionen entspricht deshalb der von Standard Optionen und bei In Barrier Optionen findet eine Zahlung in Höhe der Rebate statt.

---

[17] Im Falle von Barrier Optionen ohne Rebate wird die Höhe der Einmalzahlung auf Null gesetzt.

	Nicht-Barrier	Barrier	Fälligkeit
Out	Entsprechend Standard Option	Europäisch: Rebate Amerikanisch: Maximum aus innerem Wert und Rebate	Entsprechend Standard Option
In	Auf Fälligkeit abdiskontierter Rebate	Entsprechend Standard Option	Rebate

Tabelle 4.2: Randwertbedingungen von Barrier Optionen

Alle Randwertbedingungen sind also durch konkrete Optionswerte gegeben, Ableitungen insbesondere nach J kommen in Tabelle 4.2 nicht vor. Für die Bewertung von Barrier Optionen genügt deshalb wie bei Standard Optionen ein Gitter mit den beiden Dimensionen Aktienkurs und Zeit, die dritte Variable J wird nicht berücksichtigt. Der einzige Unterschied bei der Ausgestaltung der Gitter von Barrier und Standard Optionen liegt damit in der Wahl einer der Gittergrenzen. Bei Up Barrier Optionen ist dies der maximale Aktienkurs für den jetzt $L_{max} = \ln(H)$ gilt, bei Down Barrier Optionen der minimale Aktienkurs mit $L_{min} = \ln(H)$. Das Gitter von Barrier Optionen beinhaltet deswegen in der Regel einen wesentlich kleineren Bereich an Aktienkursen als das Gitter von Standard Optionen.

Tabelle 4.2 behandelt neben Single auch Double Barrier Optionen. Bei Single Barriers wird jede der drei Spalten für genau einen Gitterrand genutzt, bei einer Up Option beispielsweise die erste Spalte für den unteren, die zweite für den oberen und die dritte für den rechten Gitterrand. Bei Double Barriers werden demgegenüber nur zwei der drei Spalten benötigt. Da sowohl der maximale als auch der minimale Aktienkurs des Gitters durch Kursschranken gegeben sind, gilt hier die zweite Spalte sowohl für den oberen als auch für den unteren Gitterrand. Für den rechten Gitterrand gilt weiterhin die dritte Spalte.

Wie bei Standard Optionen ist es notwendig, die Eintragungen aus Tabelle 4.2 in die im Algorithmus verwandten Parameter L und W zu transformieren und in die Systematik des Gitters zu integrieren. Tabelle 4.3 gibt das Ergebnis für Single Barrier Optionen. Double Barriers sind aus Platzgründen nicht aufgeführt, sie können aber aus der Tabelle einfach abgeleitet werden. Eine Double Out Barrier beispielsweise übernimmt W_{Mn} aus der Zeile für die entsprechende Up+Out Option, $W_{0,n}$ aus der für die Down+Out Option und $W_{m,N}$ beliebig aus einer dieser beiden Zeilen.

	$W_{0,n}$	$W_{M,n}$	$W_{m,N}$
Europäische Kaufoption			
Up+Out	0	$e^{-m\Delta t}R$	$\left[e^{L_{\min}+m\Delta L}-X\right]^+$
Down+Out	$e^{-m\Delta t}R$	$e^{-(m+q(N-n))\Delta t}S_{\max}-e^{-rT}X$	$\left[e^{L_{\min}+m\Delta L}-X\right]^+$
Up+In	$e^{-rT}R$	$e^{-m\Delta t}C_{eu}(H,n\Delta t)$	R
Down+In	$e^{-m\Delta t}C_{eu}(H,n\Delta t)$	$e^{-rT}R$	R
Amerikanische Kaufoption			
Up+Out	0	$e^{-m\Delta t}\max(S_{\max}-X,R)$	$\left[e^{L_{\min}+m\Delta L}-X\right]^+$
Down+Out	$e^{-m\Delta t}\max(S_{\min}-X,R)$	$e^{-m\Delta t}(S_{\max}-X)$	$\left[e^{L_{\min}+m\Delta L}-X\right]^+$
Up+In	$e^{-rT}R$	$e^{-m\Delta t}C_{am}(H,n\Delta t)$	R
Down+In	$e^{-m\Delta t}C_{am}(H,n\Delta t)$	$e^{-rT}R$	R
Europäische Verkaufoption			
Up+Out	$e^{-rT}X-e^{-(m+q(N-n))\Delta t}S_{\min}$	$e^{-m\Delta t}R$	$\left[X-e^{L_{\min}+m\Delta L}\right]^+$
Down+Out	$e^{-m\Delta t}R$	0	$\left[X-e^{L_{\min}+m\Delta L}\right]^+$
Up+In	$e^{-rT}R$	$e^{-m\Delta t}P_{eu}(H,n\Delta t)$	R
Down+In	$e^{-m\Delta t}P_{eu}(H,n\Delta t)$	$e^{-rT}R$	R
Amerikanische Verkaufoption			
Up+Out	$e^{-m\Delta t}\left(X-S_{\min}\right)$	$e^{-m\Delta t}\max(X-H,R)$	$\left[X-e^{L_{\min}+m\Delta L}\right]^+$
Down+Out	$e^{-m\Delta t}\max(X-H,R)$	0	$\left[X-e^{L_{\min}+m\Delta L}\right]^+$
Up+In	$e^{-rT}R$	$e^{-m\Delta t}P_{am}(H,n\Delta t)$	R
Down+In	$e^{-m\Delta t}P_{am}(H,n\Delta t)$	$e^{-rT}R$	R

Tabelle 4.3: Gitterränder von Single Barrier Optionen

In Tabelle 4.3 stehen $C_{eu}(S,t)$, $C_{am}(S,t)$, $P_{eu}(S,t)$ und $P_{am}(S,t)$ für die Werte europäischer und amerikanischer Standard Kauf- und Verkaufoptionen zum jeweils angegebenen Aktienkurs und Zeitpunkt. Genau einer dieser Ausdrücke tritt bei jeder In Barrier Option auf. Ihre Berechnung kann bei europäischen Standard Optionen durch die jeweilige Black-Scholes Formel erfolgen, im amerikanischen Fall müssen sie ebenfalls mittels Methode Finiter Differenzen bestimmt werden. Dafür wird das für die Barrier Option verwandte Gitter über den von der Kursschranke gebildeten Gitterrand hinaus bei konstanter Schrittlänge ΔL so stark erweitert, daß Aussagen über die Höhe der Werte der Standard Option an beiden Rändern des neuen Gitters getroffen werden können. Wenn dieses Gitter entsprechend Kapitel 3 mit Optionswerten gefüllt wird, so sind darin auch die für den Gitterrand der Barrier Option benötigten Werte enthalten. Da bei Out Barrier Optionen die Vorschaltung eines zusätzlichen Gitters für Standard Optionen nicht notwendig ist, nimmt die Berechnung von In Barrier Optionen diesen gegenüber einen um den Faktor zwei bis drei längeren Zeitraum in Anspruch.

Wie bei Standard Optionen sind auch bei Barrier Optionen die Randwertbedingungen in Form konkreter Optionswerte und nicht als Ableitungen gegeben. Da zusätzlich die Optionsbewertungsdifferentialgleichung der von Standard Optionen entspricht, kann der gesamte Bewertungsalgorithmus aus Kapitel 3 übernommen werden. Lediglich das Gitter und die Randbedingungen müssen wie erläutert angepaßt werden. Bei amerikanischen Out Barrier Optionen muß zusätzlich noch die Ausübungsbedingung kontrolliert werden. Sie entspricht der der äquivalenten Standard Option. Bei amerikanischen In Barriers ist vorzeitiges Ausüben erst nach Erreichen der Kursschranke möglich, so daß keine Ausübungsbedingung kontrolliert werden muß. Abbildung 4.3 zeigt das resultierenden Crank-Nicolson Gitter für die bereits aus Abschnitt 4.2 bekannte europäische Single Up+Out Verkaufoption ohne Rebate.

Man erkennt, daß die Kursschranke $H = 110,00$ den oberen Rand des Gitters darstellt, und daß der Ausübungspreis $X = 100,00$ einer der untersuchten Aktienkurse ist. Anders als bei Standardoptionen gilt das Gleiche aber nicht für den relevanten Aktienkurs $S = 95,00$. Es ist deswegen notwendig, den Optionswert für diesen Aktienkurs aus den bekannten benachbarten Optionswerten zu interpolieren. Während Abbildung 4.3 die Optionswerte V zeigt, basiert die Interpolation noch auf den transformierten Werten W. Als besonders geeignet hat sich dabei in verschiedenen Vergleichsrechnungen das gewichtete Mittel zweier Interpolationen aus jeweils drei Optionswerten herausgestellt. Die erste Interpolation wird dabei vom ersten Optionswert oberhalb und die zweite vom ersten unterhalb von $\ln(S)$ durchgeführt. Wenn $\tilde{m}$ und δ durch die Gleichungen

(4.11) $$L_{\min} + \tilde{m}\Delta L \le \ln(S) \le L_{\min} + (\tilde{m}+1)\Delta L$$

(4.12) $$\delta = \ln(S) - (L_{\min} + \tilde{m}\Delta L)$$

definiert werden, so folgt die Interpolationsgleichung

(4.13)
$$W(\ln(S),0) = \frac{\Delta L - \delta}{\Delta L}\left[W_{\tilde{m},0} + \delta\frac{W_{\tilde{m}+1,0} - W_{\tilde{m}-1,0}}{2\Delta L} + \frac{\delta^2}{2}\frac{W_{\tilde{m}+1,0} - W_{\tilde{m},0} + W_{\tilde{m}-1,0}}{\Delta L^2}\right]$$
$$+ \frac{\delta}{\Delta L}\left[W_{\tilde{m}+1,0} - (\Delta L - \delta)\frac{W_{\tilde{m}+2,0} - W_{\tilde{m},0}}{2\Delta L} + \frac{(\Delta L - \delta)^2}{2}\frac{W_{\tilde{m}+2,0} - W_{\tilde{m}+1,0} + W_{\tilde{m},0}}{\Delta L^2}\right].$$

Für die Barrier Option aus Abbildung 4.3 ergibt sich so ein Crank-Nicolson Wert von 7,15 gegenüber einem analytischen Optionswert von 7,32.

Aktien-	Optionswerte zum Ende von						
kurse	Monat 0	Monat 1	Monat 2	Monat 3	Monat 4	Monat 5	Monat 6
110,00	0,00	0,00	0,00	0,00	0,00	0,00	0,00
100,00	4,42	4,26	4,02	3,63	3,00	1,94	0,00
90,91	9,69	9,60	9,46	9,28	9,07	8,91	8,65
82,64	15,80	15,94	16,09	16,28	16,54	16,90	16,51
75,13	22,28	22,62	22,99	23,41	23,86	24,35	23,66
68,30	28,63	29,10	29,58	30,09	30,62	31,15	30,15
62,09	34,60	35,12	35,66	36,21	36,77	37,34	36,06
56,45	40,08	40,64	41,21	41,78	42,37	42,96	41,43
51,32	45,07	45,66	46,25	46,85	47,46	48,07	46,31

Abbildung 4.3: Crank-Nicolson Gitter einer europäischen Single Up+Out Option

4.3.2 Approximationsverhalten

Wie bei Standard Optionen soll auch für Barrier Optionen das Approximationsverhalten für ΔL^2 und Δt^2 gleichmäßig gegen Null untersucht werden. Abbildung 4.4 zeigt das Ergebnis. Auf der y-Achse ist dabei der berechnete Optionswert und auf der x-Achse $100/M^2 = 100/N^2$ als lineares Äquivalent für $\Delta L^2 + \Delta t^2$ aufgetragen. Wie bei der Standard Option aus Abbildung 3.12 liegen alle Punkte nahezu perfekt auf einer Geraden. Die durch sie gelegte Regressionsgerade besitzt auch hier einen Korrelationskoeffizienten von über 99,99%.[18] Der Schnittpunkt der Regressionsgerade mit der y-Achse liegt gerade beim ebenfalls eingetragenen analytischen Optionswert. Ähnliche Ergebnis zeigen sich auch bei allen anderen Varianten von Single Barrier Optionen. Bei ihnen empfiehlt es sich deshalb, die Genauigkeit des Crank-Nicolson Ergebnisses durch Richardson Extrapolation aus zwei berechneten Optionswerten entsprechend Gleichung (3.67) zu erhöhen. Wie gut diese Extrapolation arbeitet zeigt folgendes Berechnungsbeispiel. Während sich die Crank-Nicolson Ergebnisse bei den Verfeinerungen $M = N = 8$ und $x = 2$ mit $F(1) = 7{,}148$ und $F(x) = 7{,}277$ noch deutlich von der analytischen Lösung 7,320 unterscheiden, stimmt der extrapolierte Grenzwert $F(\infty) = 7{,}320$ mit dem Vergleichswert bereits auf drei Nachkommastellen überein.

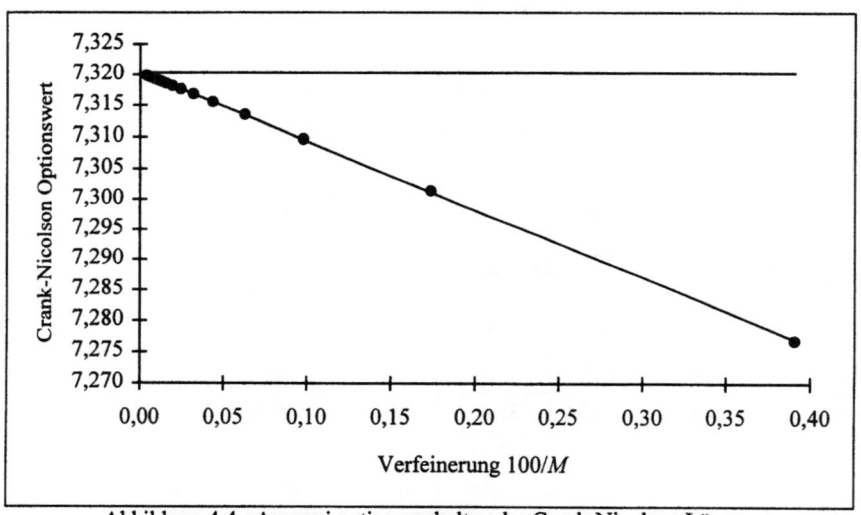

Abbildung 4.4: Approximationsverhalten der Crank-Nicolson Lösung

Für Double Barriers führt eine von Standard Optionen unverändert übernommenen Richardson Extrapolation in den meisten Fällen nicht zu einer Verbesserung der Genauigkeit. Der Grund dafür liegt in der für verschiedene Gitter unterschiedlichen relativen Lage des Ausübungspreises zwischen den ihn einschließenden Aktienkursen. Anders als bei Standard oder

---

[18] Die 19 eingezeichneten Werte von $N = M$ sind die 20 Vielfachen von 8 zwischen 16 und 160. Der Optionswert für $N = M = 8$ wurde berechnet aber nicht eingetragen, da er alleine 75% des Platzes eingenommen hätte. Der Korrelationskoeffizient liegt auch unter Berücksichtigung dieses Punktes bei über 99,99%.

Single Barrier Optionen sind bei Double Barrier Optionen beide Gitterränder L_{min} und L_{max} durch die beiden Kursschranken vorgegeben. Für endliche Werte von M kann das Gitter deshalb in der Regel nicht so gestaltet werden, daß auch der Ausübungspreis einer der untersuchten Aktienkurse ist. Für unterschiedliche Werte von M besitzt der Ausübungspreis deshalb auch eine unterschiedliche relative Lage im Gitter. Zusammen mit ΔL^2 und Δt^2 beeinflußt diese relative Lage von X aber die Höhe des Ergebnisses. Eine Richardson Extrapolation, die Unterschiede zwischen verschiedenen Berechnungsergebnissen nur mit Veränderungen von ΔL^2 und Δt^2 zu erklären versucht, führt deshalb notwendigerweise zu falschen Ergebnissen.

Aus dem gleichen Grund führt auch die Anwendung der Richardson Extrapolation auf die Ergebnisse des Binomialmodells nur für die wenigsten Optionen zu einem vernünftigen Ergebnis. Durch die Wahl des einzigen Baumparameters N wird im Binomialmodell nicht nur die Laufzeit in gleiche Intervalle der Länge Δt unterteilt, es werden auch die zulässigen Kurse des Basiswertes definiert. Wie bei Double Barrier Optionen ändert sich dadurch für verschiedene Werte von N in der Regel die relative Lage des Ausübungspreises zwischen den ihn eingrenzenden Aktienkursen des letzten Handelszeitpunktes. Dies beeinflußt die Höhe des Ergebnisses und leitet deswegen eine nur auf Δt basierende Richardson Extrapolation in die Irre. Eine Ausnahme bilden Standard Optionen mit aktuellem Aktienkurs S gleich Ausübungspreis X. Wegen $u = 1/d$ ist hier zu jedem zweiten Zeitpunkt der Ausübungspreis ein möglicher Aktienkurs. In allen Bäumen mit geradem N ist der Ausübungspreis deshalb einer der untersuchten Aktienkurse des letzten Handelszeitpunktes. Für diese Verfeinerungen resultieren Unterschiede in den Ergebnissen nur aus der Größe von Δt und eine Richardson Extrapolation ist deshalb sinnvoll.

Bei Double Barrier Optionen ist es möglich, zumindest für den Fehler in der Zeit eine vernünftige Richardson Extrapolation durchzuführen. Wenn bei nur einer Ausprägung von M für verschiedene Werte von N Optionswerte bestimmt werden, so ist für alle Ergebnisse ΔL^2 und die relative Lage des Ausübungspreises im Gitter konstant. Unterschiede in den Berechnungsergebnissen resultieren deswegen ausschließlich in den unterschiedlichen Schrittlängen in der Zeit. Gleichung (3.67) kann dann genutzt werden, um den Optionswert für Δt gegen Null bei konstantem ΔL zu schätzen. Wenn Optionswerte für mehrere kleine N bei konstant großem M als Grundlage der Extrapolation genutzt werden, wird auf diese Art und Weise ein gutes Ergebnis erzielt.

Insgesamt kann festgestellt werden, daß die Methode Finiter Differenzen im Gegensatz zu den anderen beiden in dieser Arbeit aufgeführten numerischen Methoden besonders gut für die Anwendung auf Barrier Optionen geeignet ist. Bei Out Barrier Optionen ist ihr Einsatz aus zwei Gründen sogar deutlich einfacher als bei Standard Optionen. Zum einen kann wegen der Identität von Kursschranke und Gitterrand in den allermeisten Fällen mit einem größeren L_{min} oder kleineren L_{max} gearbeitet werden, was bei gleicher Schrittgröße ΔL zu einem deutlich kleineren Gitter führt. Zum anderen ist auch der Wert der Option bei Erreichen dieses Gitterrands genau und nicht nur approximativ bekannt. Die Bewertung von In Barrier Optionen ist durch die vorgeschaltete Berechnung einer Standard Option zwar aufwendiger als die alleinige Bestimmung der Standard Option, doch ist auch bei den anderen numerischen Methoden die vorgeschaltete Berechnung von Standard Optionen notwendig. Im Vergleich ist deswegen auch für diese Optionen die Methode Finiter Differenzen überlegen.

5 Lookback Optionen

5.1 Beschreibung und Einsatz

Da auch bei Lookback Optionen die Auszahlung von einem während der Laufzeit der Option aufgetretenen Extremkurs J des Basiswertes abhängt, ähneln diese Optionen den im letzten Kapitel behandelten Barrier Optionen. Anders als bei diesen entscheidet der maximale oder minimale Aktienkurs als die pfadabhängige Komponente der Option aber nicht nur, ob überhaupt eine Zahlung stattfindet, sondern er bestimmt gegebenenfalls auch deren Höhe. Lookback Optionen treten in den beiden Varianten Strike und Rate auf. In beiden Varianten ähnelt die Auszahlungsfunktion der von Standard Optionen. Bei Lookback Strikes wird nur der Ausübungspreis und bei Lookback Rates der Kurs des Basiswertes durch den Extremkurs J ersetzt. Für Lookback Kaufoptionen bedeutet dies, daß sie als Strikes bei Fälligkeit den Wert

$$(5.1) \qquad V(S, J, T) = [S - J]^+$$

und als Rates den Wert

$$(5.2) \qquad V(S, J, T) = [J - X]^+$$

besitzen. Bei Verkaufoption wird jeweils die Reihenfolge von J und S bzw. J und X vertauscht. Zusätzlich unterscheiden sich Lookback Rates und Strikes sowie Kauf- und Verkaufoptionen in der Wahl des Extremkurses J. Er entspricht bei Lookback Optionen immer dem für den Optionsinhaber günstigeren Wert aus dem Maximum und Minimum aller aufgetretenen Aktienkurse. Tabelle 5.1 gibt die daraus resultierende Definition von $J(t)$ zum Zeitpunkt t für alle möglichen vier Kombinationen.

	Kaufoption	Verkaufoption
Lookback Strike	$\min_{0 \le \tau \le t}\{S(\tau)\}$	$\max_{0 \le \tau \le t}\{S(\tau)\}$
Lookback Rate	$\max_{0 \le \tau \le t}\{S(\tau)\}$	$\min_{0 \le \tau \le t}\{S(\tau)\}$

Tabelle 5.1: Definition des Extremkurses J bei Lookback Optionen

Abbildung 5.1 veranschaulicht die aus Lookback Strike und Rate Verkaufoptionen resultierenden Auszahlungen. Wegen der Auszahlungsfunktion der Lookback Rate Option ist neben der Kursentwicklung und dem minimalen und maximalen Aktienkurs auch ein Ausübungspreis eingezeichnet, der hier genau dem Aktienkurs bei Laufzeitbeginn entspricht. Zusätzlich sind die Bereiche A, B und C eingetragen, aus denen sich für alle Lookback Optionen die Höhe der Auszahlung bestimmen läßt. Eine Rate Kaufoption beispielsweise führt zu einer Auszahlung in Höhe der Differenz zwischen dem Maximum und dem Ausübungspreis, bei dem eingezeichneten Kursverlauf also zu einer Zahlung in Höhe von A + B. Eine Strike Kaufoption, die die Differenz zwischen dem aktuellen und dem minimalen Aktienkurs zahlt, resultiert in einer Zahlung von C. Aus Auszahlungsfunktionen und Abbildung wird deutlich, welche Möglichkeiten dem Käufer von Lookbacks eröffnet werden. Er kann sich ex post entscheiden, zu welchem der während der Optionslaufzeit aufgetretenen Kurse er die Option ausüben möchte. Für Lookback Strikes bedeutet dies, daß er den Basiswert zu dem für ihn günstigsten Kurs der Optionslaufzeit erwerben oder veräußern kann, während ihn Lookback Rates in die Lage versetzen, eine Standard Option zum besten aller aufgetretenen Kurse auszuüben.[1] In beiden Fällen ermöglichen Lookback Optionen ihren Inhabern also eine Art perfektes Timing. Sie sind deshalb insbesondere für solche Anleger interessant, die zwar die Möglichkeit des vorzeitigen Ausübens einer amerikanischen Option hoch einschätzen, die sich aber die Bestimmung des dann notwendigen Ausübungszeitpunktes nicht zutrauen. Zu Absicherungszwecken ermöglichen es Lookback Optionen z.B. einer Firma, Fremdwährungstransaktionen zum günstigsten aller aufgetretenen Wechselkurse durchzuführen. Diese für den Käufer äußerst vorteilhafte Vertragskonstruktion läßt sich der Verkäufer durch einen Preis abgelten, der in der Regel deutlich über dem der vergleichbaren Standard Option liegt.[2]

---

[1] Diese Vertragskonstruktion von Lookback Strike Optionen haben Goldman, Sosin, Gatto (1979) bereits im Titel ihrer Arbeit „Path Dependent Options: Buy at the Low, Sell at the High" verdeutlicht. Dieser Titel veranschaulicht auch, daß Lookback Strikes anders als alle anderen in dieser Arbeit behandelten Optionen immer ausgeübt werden.
[2] Die Vertragskonstruktion von Lookbacks ist für den Optionshalter so vorteilhaft, daß Conze, Viswanathan (1991) zeigen konnten, daß die obere Bewertungsgrenze amerikanischer Lookbacks für die allermeisten Optionsparameter nur geringfügig über dem Wert des ansonsten äquivalenten europäischen Lookbacks liegt. Durch das Festschreiben des für den Optionsinhabers günstigsten Kurses ist das Recht vorzeitig auszuüben bei Lookbacks nur gering zu bewerten.

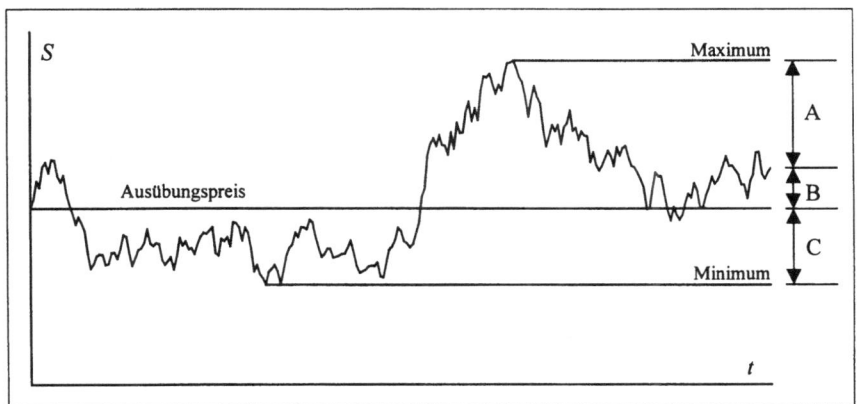

Abbildung 5.1: Auszahlungen von Lookback Verkaufoptionen.

Lookback Optionen werden in Deutschland im OTC-Bereich und in Form von Optionsscheinen auch an Börsen gehandelt. Beispiele sind die 1993 gehandelten Optionsscheine „Look-Back Call" von Sal. Oppenheim jr. & Cie. auf den DAX und „Best Buy" bzw. „Best Sell" von Goldman Sachs auf den MSI.

5.2 Geschlossene Lösungen

Die erste geschlossene Lösung von Lookback Optionen wurde von Goldman, Sosin, Gatto (1979) für europäische Lookback Strikes ohne Dividendenrendite entwickelt. Entsprechend des risikoneutralen Bewertungsansatzes von Cox, Ross (1976) haben sie dafür den mit dem risikofreien Zinssatz abdiskontierten Erwartungswert der aus der Option resultierenden Auszahlung gebildet. Garman (1989) hat die gleiche Option um eine kontinuierlich gezahlte Dividendenrendite erweitert und anschließend ebenfalls eine geschlossene Bewertungsformel hergeleitet, Conze, Viswanathan (1991) haben auch für europäische Lookback Rates geschlossene Formeln gefunden. Im folgenden werden die Bewertungsformeln aller europäischen Lookback Optionen aufgeführt. Ihre Herleitung kann außer in den zitierten Quellen noch bei Rubinstein (1991b) und bei Hull (1997) gefunden werden.[3] Für amerikanische Lookback Optionen sind wegen der zusätzlichen Ausübungsbedingung außer im Ausnahme-

---

[3] Vgl. Hull (1997), S. 474 ff.

fall einer Lookback Strike Kaufoption auf einen Basiswert mit $q = 0$, diese Option wird nicht vorzeitig ausgeübt, keine geschlossenen Lösungen bekannt.[4]

Der Wert von Lookback Strike Kauf- und Verkaufoptionen beträgt

$$(5.3) \qquad C(S,J,t) = Se^{-q(T-t)}N(d_1) - Je^{-r(T-t)}N(d_2)$$

$$+ \frac{\sigma^2}{2(r-q)}\left[Je^{-r(T-t)}\exp\left(\frac{2\ln(S/J)(r-q-\sigma^2/2)}{\sigma^2}\right)N(d_3) - Se^{-q(T-t)}N(-d_1)\right]$$

bzw.

$$(5.4) \qquad P(S,J,t) = Je^{-r(T-t)}N(-d_2) - Se^{-q(T-t)}N(-d_1)$$

$$+ \frac{\sigma^2}{2(r-q)}\left[Se^{-q(T-t)}N(d_1) - Je^{-r(T-t)}\exp\left(\frac{2\ln(J/S)(r-q-\sigma^2/2)}{\sigma^2}\right)N(-d_3)\right]$$

wobei d_1 und d_2 entsprechend (3.11) und (3.12) mit dem Ausübungspreis $X = J$ berechnet werden und sich die zusätzliche Variable d_3 aus der Gleichung

$$(5.5) \qquad d_3 = \frac{\ln(J/S) + (r - q - \sigma^2/2)(T-t)}{\sigma\sqrt{T-t}}$$

bestimmt. Bei einem Vergleich mit den Formeln (3.9) und (3.10) für Standard Optionen erkennt man, daß der Wert einer Lookback Strike Option gerade dem Wert der entsprechenden Standard Option mit Ausübungspreis gleich aktuellem Extremum plus einem Korrekturterm entspricht. Garman (1989) hat gezeigt, daß dieser Korrekturterm dem Wert einer „Strike Bonus Option" entspricht. Eine solche Option zahlt bei jeder Änderung des Extremums die Differenz zwischen dem Wert einer Standard Optionen mit Ausübungspreis gleich neuem Extremum und dem Wert einer zweiten Standard Option mit Ausübungspreis gleich altem Extremum. Aus Formel (5.4) läßt sich der Wert einer europäischen Lookback Strike Verkaufoption bei $S = 100$, $J = 110$, $\sigma = 25\%$, $r = 10\%$, $q = 5\%$ und Restlaufzeit $T - t = \frac{1}{2}$ mit 15,13 bestim-

---

[4] Bei amerikanischen Lookback Rate Kaufoptionen kann selbst bei $q = 0$ vorzeitiges Ausüben sinnvoll sein. Als Beispiel sei hier eine amerikanische Lookback Rate Kaufoption mit positivem inneren Wert beim Aktienkurs $S = 0$ erwähnt. Da sich der innere Wert dieser Option in der verbleibenden Laufzeit nicht mehr verändern kann, ist es sinnvoll, die Option unverzüglich auszuüben. Bei amerikanischen Lookback Verkaufoptionen kann vorzeitiges Ausüben ebenfalls für jeden Wert von q sinnvoll sein.

men. Der Wert der entsprechende Standard Option mit Ausübungspreis $X = J = 110$ beträgt 11,23, der Wert der Strike Bonus Option also 3,90.

Die Bewertungsformeln europäischer Lookback Rate Kauf- und Verkaufoption lauten

(5.6)
$$C(S,J,t) = e^{-r(T-t)}[J - X]^+$$
$$+ e^{-r(T-t)}SN(d_1) - e^{-r(T-t)}J_{max}N(d_2)$$
$$+ \frac{\sigma^2}{2(r-q)}S\left[e^{-q(T-t)}N(d_1) - e^{-r(T-t)}\left(\frac{J_{max}}{S}\right)^{2(r-q)/\sigma^2}N(d_3)\right]$$

bzw.

(5.7)
$$P(S,J,t) = e^{-r(T-t)}[X - J]^+$$
$$+ e^{-r(T-t)}J_{min}N(-d_2) - e^{-r(T-t)}SN(-d_1)$$
$$+ \frac{\sigma^2}{2(r-q)}S\left[e^{-r(T-t)}\left(\frac{J_{min}}{S}\right)^{2(r-q)/\sigma^2}N(-d_3) - e^{-q(T-t)}N(-d_1)\right]$$

wobei $J_{max} = max(J,X)$ dem Maximum und $J_{min} = min(J,X)$ dem Minimum von Extremkurs J und Ausübungspreis X entspricht. Die Variablen d_1 und d_2 werden aus den Gleichungen (3.11) und (3.12) mit Ausübungspreis $X = J_{max}$ bzw. $X = J_{min}$ bestimmt und für die zusätzliche Variable d_3 gilt bei diesen Optionen die Gleichung

(5.8)
$$d_3 = \frac{\ln(S/X) - \left(r - q - \sigma^2/2\right)(T-t)}{\sigma\sqrt{T-t}}.$$

Man erkennt, daß der Wert einer europäischen Lookback Rate Verkaufoption aus drei Komponenten besteht. Dem auf Fälligkeit abdiskontierten inneren Optionswert $[J - X]^+$ bzw. $[X - J]^+$, der das Festschreiben des Extremums in der Vergangenheit berücksichtigt, plus dem Wert einer Standard Option mit Ausübungspreis $X = J_{max}$ bzw. $X = J_{min}$, plus einem Korrekturterm, der für das Festschreiben des Extremums während der verbleibenden Laufzeit steht. Entsprechend dieser Formel läßt sich der Wert einer europäischen Lookback Rate Verkaufoption für die Parameter $S = 110$, $J = 100$, $X = 110$, $\sigma = 25\%$, $r = 10\%$, $q = 5\%$ und Restlaufzeit $T - t = \frac{1}{2}$ mit 14,93 bestimmen. Verteilt auf die drei Komponenten entspricht dies 9,51 + 2,63 + 2,79.

5.3 Bewertung mittels Methode Finiter Differenzen

5.3.1 Grundlagen

Wie bei den zuvor behandelten Optionen sind auch bei amerikanischen Lookback Optionen überwiegend keine geschlossenen Bewertungsformel bekannt. Zur Bestimmung des Wertes dieser Optionen ist man deshalb auf numerische Methoden angewiesen. Von den in dieser Arbeit behandelten numerischen Methoden können zwar grundsätzlich alle drei verwandt werden, sie sind aber unterschiedlich gut für Lookback Optionen geeignet. Wie in Kapitel 3 behandelt kann die Monte Carlo Methode einfach an die zusätzliche Vertragseigenschaft von Lookback Optionen angepaßt werden, sie ist dafür aber sehr langsam und deswegen nicht zu empfehlen. Die rekursive Berechnung im Binomialmodell wurde von Hull, White (1993) untersucht.[5] Sie schlagen einen Algorithmus vor, der in jedem Knoten des Binomialbaums den Optionswert für alle möglichen Maxima bzw. Minima bestimmt. Zu jedem Aktienkurs und zu jedem Zeitpunkt n zwischen 0 und N sind das zwischen 1 und $(n/2 + 1)$ verschiedene Optionswerte. Für gerade Werte von N folgt, daß statt $(N + 1)(N + 2)/2$ wie bei Standard Optionen jetzt insgesamt $(N + 2)(2N + 3)(N + 4)/24$ Optionswerte bestimmt werden müssen, für $N = 100$ also beispielsweise 89.726 statt lediglich 5.151.[6] Dies führt zu einer deutlichen Erhöhung der Rechenzeit. Diese Arbeit wird deswegen die numerische Bewertung von Lookback Optionen mittels Crank-Nicolson Methode Finiter Differenzen untersuchen.

Ausgangspunkt der Methode Finiter Differenzen ist die vom Optionswert $V(S, J, t)$ erfüllte Differentialgleichung. Wie bei Barrier Optionen steht J dabei je nach Ausgestaltung der Option für den maximalen oder minimalen Kurs des Basiswertes innerhalb der bisherigen Lauf-

---

[5] Eine geschlossene Bewertungsformel europäischer Lookback Strike Optionen im Binomialmodell wurde von Witt (1994) hergeleitet. Da dieser Ansatz sich jedoch wie die geschlossenen Lösungen aus Abschnitt 5.2 nicht auf amerikanische Optionen erweitern läßt, wird er in dieser Arbeit nicht behandelt.
[6] Für ungerade Werte von N müssen bei Lookback Optionen insgesamt $(N + 1)(2N + 7)(N + 3)/24$ Optionswerte bestimmt werden.

zeit der Option. Da der Wert von Lookback Optionen von den gleichen Variablen wie der Wert von Barrier Optionen abhängt, entspricht auch die Bewertungsdifferentialgleichung von Lookback Optionen der von Barrier Optionen und damit der von Standard Optionen. Ausgangspunkt der Methode Finiter Differenzen ist also auch hier die aus Kapitel 3 bekannte Differentialgleichung (3.7), die vor Diskretisierung zur Differentialgleichung (3.25) transformiert wird. Wie bei allen zuvor behandelten Optionen besitzt die Bewertungsdifferentialgleichung damit nur Ableitungen nach den beiden Variablen Aktienkurs und Zeit, nicht aber nach dem aktuellen Extremum. Falls das gleiche auch für die Randwertbedingungen gilt, genügt deshalb für die Bewertung auch hier ein zweidimensionales Gitter. In den folgenden getrennten Abschnitten über Lookback Strikes und Rates definiert also die noch zu bestimmende Form der Randbedingungen auch das Aussehen des Bewertungsgitters.

5.3.2 Lookback Strike Optionen

5.3.2.1 Algorithmus

Bei Lookback Strike Optionen übernimmt der Extremkurs J die Rolle des Ausübungspreises X. Wenn bei Standard Optionen der maximale und der minimale Aktienkurs des Bewertungsgitters in Abhängigkeit vom Ausübungspreis X bestimmt werden, hängen deshalb beide Werte bei Lookback Strike Optionen vom bisher erreichten Extremkurs J ab. Wie bei Standard Optionen wird dabei zumindestens einer der beiden Kurse bei Kaufoptionen so weit oberhalb des aktuellen Minimums und bei Verkaufoptionen so weit unterhalb des aktuellen Maximums gewählt, daß der Basiswert von dort den jeweiligen Extremkurs innerhalb der Laufzeit der Option nicht mehr erreichen und damit auch nicht mehr verändern kann. Der Wert einer Lookback Strike Option entspricht deshalb an diesem Rand dem der entsprechenden Standard Option aus Tabelle 3.1, wobei der Ausübungspreis dem aktuellen Extremkurs entspricht. Tabelle 5.2 beinhaltet diese sowie alle übrigen Randwertbedingungen.

	Nicht-Extremkurs	Extremkurs	Fälligkeit
Europäische Kaufoption	$e^{-q(T-t)}S - e^{-r(T-t)}J$	$\dfrac{\partial V}{\partial S} = \dfrac{V}{S}$	$S - J$
Amerikanische Kaufoption	$S - J$	$\dfrac{\partial V}{\partial S} = \dfrac{V}{S}$	$S - J$
Europäische Verkaufoption	$e^{-r(T-t)}J - e^{-q(T-t)}S$	$\dfrac{\partial V}{\partial S} = \dfrac{V}{S}$	$J - S$
Amerikanische Verkaufoption	$J - S$	$\dfrac{\partial V}{\partial S} = \dfrac{V}{S}$	$J - S$

Tabelle 5.2: Randwertbedingungen von Lookback Strike Optionen

Eine weitere Aussage kann über den Optionswert bei Erreichen des aktuellen Extremkurses getroffen werden. Die Herleitung dieser Randbedingung baut auf eine Erweiterung des Theorems 6 aus Merton (1973) für Lookback Strike Optionen auf.[7] Danach erfüllt der Optionswert $V(S,J,t)$ für beliebige S und ΔS die Gleichung

$$\frac{S + \Delta S}{S} V(S,S,t) = V(S + \Delta S, S + \Delta S, t)$$

die zur Gleichung

$$\frac{V(S + \Delta S, S + \Delta S, t) - V(S, S + \Delta S, t)}{\Delta S} + \frac{V(S, S + \Delta S, t) - V(S,S,t)}{\Delta S} = \frac{V(S,S,t)}{S}$$

umgeformt werden kann. Der Grenzwert dieser Gleichung für ΔS gegen Null führt zu der Differentialgleichung

$$\frac{\partial V}{\partial S}(S,S,t) + \frac{\partial V}{\partial J}(S,S,t) = \frac{V(S,S,t)}{S}.$$

Aus Goldman et al. (1979) ist bekannt, daß

---

[7] Theorem 6 aus Merton (1973) besagt, daß für den Wert $V(S,X,t)$ einer Standard Option für jedes $\alpha > 0$ die Gleichung $V(\alpha S, \alpha X, t) = \alpha\, V(S,X,t)$ erfüllt ist. Hieraus folgt z.B., daß es für den Optionswert nicht entscheidend ist, ob Aktienkurs und Ausübungspreis in DM oder in Pfennig angegeben werden. Vgl. Merton (1973), S. 147.

$$(5.9) \qquad\qquad \frac{\partial V}{\partial J}(S,S,t) = 0$$

gilt.[8] Die Differentialgleichung bei Erreichen des Extremwertes durch den Aktienkurs lautet damit für alle Varianten von Lookback Strike Optionen[9]

$$(5.10) \qquad\qquad \frac{\partial V}{\partial S}(S,S,t) = \frac{V(S,S,t)}{S}.$$

Die letzte Spalte in Tabelle 5.2 betrifft den Optionswert bei Laufzeitende und resultiert direkt aus den Endwertbedingungen. Es kann dabei auf die Verwendung der Maximum-Funktion verzichtet werden, da Lookback Strike Optionen wegen der Definition von J niemals aus dem Geld sind. Alle Randwertbedingungen aus Tabelle 5.2 bestehen damit aus vorab bestimmbaren Optionswerten oder aus Ableitungen nach dem Aktienkurs S. Ableitungen nach dem Extremkurs J sind nicht enthalten. Für die Bewertung von Lookback Optionen genügt deshalb genau wie bei Standard und Barrier Optionen ein zweidimensionales Gitter aus Aktienkursen und Zeit.

Damit die hergeleiteten Randwertbedingungen im Gitter verwandt werden können, müssen sie von V und S in W und L transformiert und anschließend an die Gitterstruktur angepaßt werden. Die Transformation der ersten und dritten Spalte aus Tabelle 5.2 verläuft entsprechend den Kapiteln 3 und 4, nur die Randbedingung für $S = J$ ist komplizierter und wird deshalb auch ausführlicher erläutert. Tabelle 5.3 zeigt für alle Gitterränder das Ergebnis

---

[8] Für $S = J$ geht die Wahrscheinlichkeit, daß der jetzige Extremkurs auch nach einer beliebig kurzen Zeitspanne noch der dann aktuelle Extremkurs ist, gegen Null. Kleine Veränderungen von J sind dann aber nicht von Dauer und haben deswegen keine Auswirkung auf den Optionswert.

[9] Hier wird eine Besonderheit von Lookback Strike Optionen deutlich, die auf andere Art und Weise bereits von Goldman et al. (1979) erkannt wurde. Anders als eine Standard Verkaufoption kann eine Lookback Strike Verkaufoption ein positives Delta besitzen, also bei einer Steigerung des Aktienkurses an Wert gewinnen. Der Grund dafür ist, daß der Wert einer Verkaufoption im Ausübungspreis steigend ist, und daß bei Lookback Strike Verkaufoptionen der Ausübungspreis für S nahe bei J bei weiteren Kurssteigerungen erhöht wird.

	$W_{0,n}$	$W_{M,n}$	$W_{m,N}$
Europäische Kaufoption	$\dfrac{4W_{1,n} - W_{2,n}}{3 + 2\Delta L}$	$\begin{aligned} &S_{\max} e^{-(m+q(N-n))\Delta t} \\ &- Je^{-rT} \end{aligned}$	$S_{\min} e^{m\Delta t} - J$
Amerikanische Kaufoption	$\dfrac{4W_{1,n} - W_{2,n}}{3 + 2\Delta L}$	$(S_{\max} - J)e^{-m\Delta t}$	$S_{\min} e^{m\Delta t} - J$
Europäische Verkaufoption	$\begin{aligned} &Je^{-rT} \\ &- S_{\max} e^{-(m+q(N-n))\Delta t} \end{aligned}$	$\dfrac{4W_{M-1,n} - W_{M-2,n}}{3 - 2\Delta L}$	$J - S_{\min} e^{m\Delta t}$
Amerikanische Verkaufoption	$(J - S_{\max})e^{-m\Delta t}$	$\dfrac{4W_{M-1,n} - W_{M-2,n}}{3 - 2\Delta L}$	$J - S_{\min} e^{m\Delta t}$

Tabelle 5.3: Gitterränder von Lookback Strike Optionen

Unter Verwendung der Gleichungen (3.20) und (3.21) folgt die Transformation der für alle Lookback Strike Optionen identischen Randbedingung $\partial V/\partial S = V/S$ zu $\partial W/\partial L = W$. Anders als bei der Optionsbewertungsdifferentialgleichung besteht bei dieser Randbedingung erstmalig ein Zusammenhang zwischen einer Ableitung von W und W selbst. Damit sie für W und L im Gitter genutzt werden kann, wird sie in eine Differenzengleichung umgeformt. Bei der dafür notwendigen Taylor Expansion muß beachtet werden, daß im Gitter Optionswerte nur an einer Seite des Randes berechnet werden und der Differenzenquotient deshalb auch nur auf diese Werte aufbauen kann. Die Form des Differenzenquotienten für $\partial W/\partial L$ hängt deshalb davon ab, ob sie für den Gitterpunkt $(0, n)$ im unteren Rand oder für den Gitterpunkt (M, n) im oberen Rand gilt. Mit einem Fehlerterm der Ordnung ΔL^2 lautet die zugehörigen Differenzengleichung am unteren Rand

$$\frac{\partial W}{\partial L}(0, n) = \frac{W_{2,n} - W_{0,n}}{2\Delta L} - \Delta L \frac{W_{2,n} - 2W_{1,n} - W_{0,n}}{\Delta L^2}$$

bzw. nach Umformungen

(5.11)
$$\frac{\partial W}{\partial L}(0, n) = \frac{-3W_{0,n} + 4W_{1,n} - W_{2,n}}{2\Delta L}$$

und am oberen Gitterrand

$$(5.12) \qquad \frac{\partial W}{\partial L}(M, n) = \frac{3W_{M,n} - 4W_{M-1,n} + W_{M-2,n}}{2\Delta L}.$$

Nach Gleichsetzen von (5.11) bzw. (5.12) mit dem Optionswert $W_{0,n}$ bzw. $W_{M,n}$ und anschließendem Auflösen nach diesen Werten erhält man die in Tabelle 5.3 eingetragenen Optionswerte bei Erreichen des jeweiligen Gitterrandes.

Anders als bei allen bislang behandelten Optionen enthält Tabelle 5.3 an vier Stellen Optionswerte, die von anderen Optionswerten des gleichen Zeitpunkts abhängen und deshalb erst im Laufe der rekursiven Berechnung des Gitters bestimmt werden können. In dieser Situation kann die Matrizengleichung (3.69) nicht unverändert übernommen werden, da die in ihr enthaltene Variable ω_n nicht mehr vorab bekannt ist. Die notwendige Anpassung der Matrizengleichung (3.69) wird am Beispiel einer Verkaufoption beschrieben, bei der die Randbedingung für $W_{M,n}$ auf benachbarte Optionswerte aufbaut.

Während für alle m zwischen 1 und $(M-2)$ die in (3.69) resultierende Gleichung (3.68) unverändert genutzt werden kann, muß für $m = (M-1)$ der Wert von $W_{m+1,n}$ durch die Randbedingung aus Tabelle 5.3 ersetzt werden. Statt (3.68) resultiert deshalb an dieser Stelle die neue Gleichung

$$(1-\theta)a_I W_{M-2,n} + \left(\theta + (1-\theta)b_I\right)W_{M-1,n} + (1-\theta)c_I \frac{4W_{M-1,n} - W_{M-2,n}}{3 - 2\Delta L}$$

$$= \theta a_E W_{M-2,n+1} + \left((1-\theta) + \theta b_E\right)W_{M-1,n+1} + \theta c_E W_{M,n+1}$$

bzw. nach Umformung

$$(5.13) \qquad (1-\theta)\left(a_I - \frac{c_I}{3 - 2\Delta L}\right)W_{M-2,n} + \left(\theta + (1-\theta)\left(b_I + \frac{4c_I}{3 - 2\Delta L}\right)\right)W_{M-1,n}$$

$$= \theta a_E W_{M-2,n+1} + \left((1-\theta) + \theta b_E\right)W_{M-1,n+1} + \theta c_E W_{M,n+1}.$$

Anders als (3.68) für $m = (M-1)$ beinhaltet (5.13) nicht mehr den unbekannten Ausdruck $W_{M,n}$ und kann deswegen zusammen mit den unveränderten Gleichungen (3.68) für m zwischen 1 und $(M-2)$ implizit gelöst werden. Die dieses Gleichungssystem beschreibende Matrizengleichung hat für alle Lookback Strike Optionen die Form

(5.14) $$M_I \times W_n^- = \theta M_E \times W_{n+1}^+ + (1-\theta)(W_{n+1}^- - \omega_n).$$

In (5.14) entsprechen nur M_E, W_n^- und W_n^+ sowie θ ihren ursprünglichen Definitionen aus Kapitel 3. Für die Matrix M_I gelten demgegenüber die veränderten Gleichungen

(5.15)
$$M_I = \begin{bmatrix} b_I' & c_I' & 0 & \cdot & \cdot & \cdot & 0 \\ a_I & b_I & c_I & & & & \cdot \\ 0 & \cdot & \cdot & \cdot & & & \cdot \\ \cdot & & \cdot & \cdot & \cdot & & \cdot \\ \cdot & & & \cdot & \cdot & \cdot & 0 \\ \cdot & & & & a_I & b_I & c_I \\ 0 & \cdot & \cdot & \cdot & 0 & a_I'' & b_I'' \end{bmatrix} \in R^{(M-1)\times(M-1)}$$

und

(5.16) $$a_I = (1-\theta)\frac{\Delta t}{2}\left(-\left(\frac{\sigma}{\Delta L}\right)^2 + \frac{r-q-\sigma^2/2}{\Delta L}\right)$$

(5.17) $$b_I = 1 + (1-\theta)\Delta t\left(\frac{\sigma}{\Delta L}\right)^2$$

(5.18) $$c_I = (1-\theta)\frac{\Delta t}{2}\left(-\left(\frac{\sigma}{\Delta L}\right)^2 - \frac{r-q-\sigma^2/2}{\Delta L}\right).$$

Der Vektor ω_n ist unter Verwendung dieser neuen Werten a_I und c_I als

(5.19) $$\omega_n = \begin{bmatrix} a_I\omega' & 0 & \cdots & 0 & c_I\omega'' \end{bmatrix}^T \in R^{M-1}$$

definiert, die noch verbleibenden Ausdrücke b_I', c_I', ω' und a_I'', b_I'', ω'' sind abhängig von der jeweiligen Variante der Lookback Option in Tabelle 5.4 aufgeführt.

	b_l'	c_l'	ω'
Europäische Kaufoption	$b_l + \dfrac{4a_l}{3+2\Delta L}$	$c_l - \dfrac{a_l}{3+2\Delta L}$	0
Amerikanische Kaufoption	$b_l + \dfrac{4a_l}{3+2\Delta L}$	$c_l - \dfrac{a_l}{3+2\Delta L}$	0
Europäische Verkaufoption	b_l	c_l	$Je^{-rT} - S_{min}e^{-(m+q(N-n))\Delta t}$
Amerikanische Verkaufoption	b_l	c_l	$e^{-m\Delta t}(J - S_{min})$

	a_l''	b_l''	ω''
Europäische Kaufoption	a_l	b_l	$S_{max}e^{-(m+q(N-n))\Delta t} - Je^{-rT}$
Amerikanische Kaufoption	a_l	b_l	$e^{-m\Delta t}(J - S_{min})$
Europäische Verkaufoption	$a_l - \dfrac{c_l}{3-2\Delta L}$	$b_l + \dfrac{4c_l}{3-2\Delta L}$	0
Amerikanische Verkaufoption	$a_l - \dfrac{c_l}{3-2\Delta L}$	$b_l + \dfrac{4c_l}{3-2\Delta L}$	0

Tabelle 5.4: Matrixelemente von Lookback Strike Optionen

Unter Verwendung von Matrizengleichung (5.14) und Tabelle 5.4 ist es möglich, rekursiv Optionswerte zu jedem Punkt des Gitters zu bestimmen. Da M_l eine Tridiagonalmatrix ist, kann dafür die aus Kapitel 3 bekannte Matrixdekomposition verwandt werden. Bei amerikanischen Optionen muß wieder die Ausübungsbedingung kontrolliert werden. Für Kaufoptionen lautet sie

$$(5.20) \qquad W_{m,n} \geq e^{-m\Delta t}\left(\exp(L_{min} + m\Delta L) - J\right).$$

Bei Verkaufoptionen müssen Minuend und Subtrahend vertauscht werden. Abbildung 5.2 gibt ein Beispielgitter für die bereits analytisch bewertete europäische Lookback Strike Verkaufoption. Man erkennt, daß sowohl der aktuelle Maximalkurs $J = 110$ als auch der aktuelle Aktienkurs $S = 100$ Gitterpunkte sind. Der Optionswert kann somit ohne Interpolation aus dem Gitter abgelesen werden. Er liegt mit 15,99 etwas über der analytischen Lösung von 15,13.

Aktien-	Optionswerte zum Ende von						
kurse	Monat 0	Monat 1	Monat 2	Monat 3	Monat 4	Monat 5	Monat 6
110,00	15,78	14,69	13,46	12,05	10,39	8,34	0,00
100,00	15,99	15,13	14,19	13,14	11,93	10,52	10,00
90,91	19,61	19,27	18,95	18,69	18,55	18,67	19,09
82,64	25,30	25,43	25,63	25,91	23,31	26,80	27,36
75,13	31,74	32,16	35,62	33,13	33,69	34,27	34,87
68,30	38,12	38,67	39,24	39,84	40,45	41,07	41,70
62,09	44,10	44,71	45,33	45,96	46,60	47,25	47,91
56,45	49,58	50,23	50,88	551,54	52,20	52,87	53,55

Abbildung 5.2: Crank-Nicolson Gitter einer europäischen Lookback Strike Verkaufoption

5.3.2.2 Approximationsverhalten

Für das Approximationsverhalten der Methode Finiter Differenzen an die analytische Lösung ist die Ordnung des Fehlerterms von entscheidender Bedeutung. Bei den bislang behandelten Standard und Barrier Optionen wurde bei der Herleitung des Algorithmus der θ-Methode Finiter Differenzen jeder auftretende Differentialquotient durch einen Differenzenquotient ersetzt, der als Diskretisierung im Punkt $(m, n+\theta)$ verstanden werden konnte. Für $\theta = \frac{1}{2}$ wurde dadurch ein Fehlerterm der Ordnung $\Delta L^2 + \Delta t^2$ erreicht. Bei Lookback Optionen ist dies nicht mehr möglich. Zwar werden auch bei diesen Optionen die Differenzengleichungen (3.31), (3.64) und (3.65) für die Ableitungen aus der gegenüber Standard Optionen unveränderten Bewertungsdifferentialgleichung (3.25) verwandt, doch tritt in den Randbedingungen aller Lookback Strike Optionen die zusätzlich Differentialgleichung $\partial W / \partial L = W$ auf. Hier kommt erstmalig eine Zusammenhang zwischen einer Ableitung von W und W selber vor. Da die Optionswerte W nur in den Gitterpunkten nicht aber dazwischen bestimmt werden, wird mit den Gleichungen (5.11) bzw. (5.12) die in der Randbedingung enthaltene Ableitung durch Differenzenquotienten im Punkt (m, n) und nicht $(m, n+\theta)$ ersetzt. Es ist deshalb nicht mehr möglich, den gesamten Algorithmus als Diskretisierung im Punkt $(m, n+\theta)$ des Gitters zu betrachten. Selbst für die Crank-Nicolson Wahl $\theta = \frac{1}{2}$ besitzt die Lösung dann aber einen Fehlerterm der Ordnung $\Delta L^2 + \Delta t$. Dies führt gegenüber den bislang behandelten Optionen zu einer deutlich langsameren Approximation an die analytische Lösung.

Der veränderte Fehlerterm muß bei der Richardson Extrapolation berücksichtigt werden. Solange der Quotient aus ΔL und Δt für alle untersuchten Berechnungsergebnisse identisch ist, kann für das bei Lookback Optionen bei der Extrapolation zugrunde gelegte Polynom die Form

$$(5.21) \qquad F(\Delta L, \Delta t) = F(0,0) + x_1 \Delta t + \sum_{i=2}^{Q} x_i (\Delta L^i + \Delta t^i)$$

angenommen werden. Während bei Standard und Barrier Optionen in Gleichung (3.70) bereits der erste Polynomialsummand für ΔL und Δt ein quadratischer Ausdruck ist, muß bei Lookback Optionen für Δt schon mit dem linearen Ausdruck $x_1 \Delta t$ begonnen werden. Da mit dem Grenzwert für ΔL und Δt gegen Null nun auch die beiden Koeffizienten x_1 und x_2 bestimmt werden müssen, folgt, daß für die Richardson Extrapolation selbst für $Q = 2$ statt zwei nun insgesamt drei Berechnungsergebnisse notwendig sind.

Abbildung 5.3 verdeutlicht, daß mit $Q = 2$ bereits die mindestens notwendigen drei Berechnungsergebnisse ausreichen, um eine gute Richardson Extrapolation durchzuführen. Sie zeigt dafür das Crank-Nicolson Ergebnis der bereits untersuchten Lookback Strike Verkaufoption bei unterschiedlichen Gitterverfeinerungen. Anders als bei den ähnlichen Abbildungen 3.12 und 4.3 für Standard und Barrier Optionen ist dabei wegen der Form des Polynoms (5.21) auf der x-Achse nicht der Wert von $100/M^2 = 100/N^2$ sondern der von $10/M = 10/N$ aufgetragen. Die durch die Berechnungsergebnisse gelegte Kurve ist das Ergebnis einer linearen Regression für $Q = 2$. Man erkennt, daß die Punkte nahezu perfekt auf der Kurve liegen. Der Korrelationskoeffizient von über 99,99% bestätigt dieses Ergebnis. Man erkennt zusätzlich, daß die Regressionskurve die y-Achse recht genau in der als Gerade eingezeichneten analytischen Lösung schneidet.

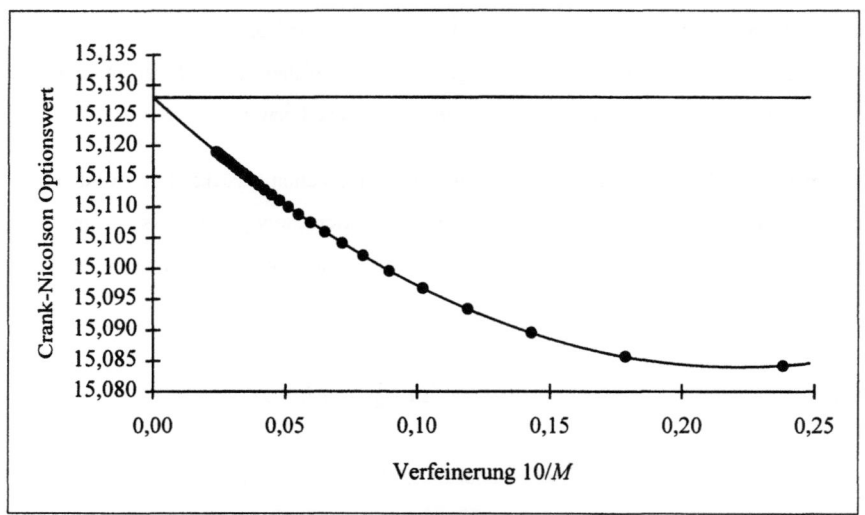

Abbildung 5.3: Approximationsverhalten der Crank-Nicolson Lösung

Um diese Ergebnisse für die Richardson Extrapolation zu nutzen, muß die Extrapolationsformel (3.71) an den veränderten Polynomialsummanden angepaßt werden. Wie in Kapitel 3 wird dabei mit einer leicht veränderten auf M und N statt ΔL und Δt basierenden Notation gearbeitet. Wenn $F(1)$, $F(x)$ und $F(y)$ mit $1 < x < y$ für die Crank-Nicolson Optionswerte bei Gitterwahl (M, N), (xM, xN) und (yM, yN) stehen, und wenn $F(\infty)$ den Grenzwert bei unendlicher Feinheit des Bewertungsgitters bezeichnet, so lautet die Extrapolationsgleichung

$$(5.22) \qquad F(\infty) = \det\begin{bmatrix} F(1) & 1 & 1 \\ F(x) & 1/x & 1/x^2 \\ F(y) & 1/y & 1/y^2 \end{bmatrix} \Bigg/ \det\begin{bmatrix} 1 & 1 & 1 \\ 1 & 1/x & 1/x^2 \\ 1 & 1/y & 1/y^2 \end{bmatrix}$$

$$= \frac{(y-x)F(1) + y^2(x-1)F(y) + x^2(y-1)F(x)}{(y-x) + y^2(x-1) + x^2(y-1)}.$$

Wie gut dieser Ansatz ist zeigt ein Berechnungsbeispiel mit $M = N = 28$, $x = 1{,}5$ und $y = 2$. Die resultierenden Optionswerte $F(1) = 15{,}099$, $F(x) = 15{,}084$ und $F(y) = 15{,}085$ unterscheiden sich zum Teil noch deutlich vom analytischen Wert $15{,}128$.[10] Falls sie aber als Aus-

---

[10] Da einer der Polynomialkoeffizienten aus Gleichung (5.21) einen negativen und der andere einen positiven Wert besitzt, heben sich die Fehler aus $(\Delta L^2 + \Delta t^2)$ und Δt teilweise gegenseitig auf. Deswegen liegt der Wert

gangspunkte für die Richardson Extrapolation entsprechend (5.22) genutzt werden, folgt der Grenzwert $F(\infty) = 15,126$. Er unterscheidet sich vom analytischen Wert erst in der dritten Nachkommastelle. Gleichzeitig benötigt dieser Ansatz nur sehr wenig Rechenzeit, da für alle drei Gitter zusammen lediglich $(M + 1)(N + 1) + (xM + 1)(xN + 1) + (yM + 1)(yN + 1) = 5.939$ Optionswerte berechnet werden müssen.

Auch für Lookback Strike Optionen kann somit festgestellt werden, daß die Methode Finiter Differenzen den anderen beiden numerischen Methoden überlegen ist. Während sowohl die Monte Carlo Methode als auch das Binomialmodell für Lookback Strike Optionen wesentlich höhere Rechenzeiten als für Standard Optionen benötigen, bedarf der Einsatz der Methode Finiter Differenzen nur geringfügig zusätzliche Rechenzeit. Wie das obige Beispiel zeigt, ist es insbesondere durch Kombination mit der Richardson Extrapolation (5.22) möglich, den gewünschten Optionswert nicht nur sehr schnell sondern auch sehr genau zu approximieren. Da die Approximation an die analytische Lösung wegen der höheren Ordnung des Fehlerterms langsamer als bei den zuvor behandelten Optionen verläuft, ist der Nutzen der Richardson Extrapolation bei Lookback Strike Optionen sogar noch höher als bei den zuvor untersuchten Optionen. Diese Arbeit empfiehlt deshalb auch für Lookback Strike Optionen die numerische Bewertung mittels Crank-Nicolson Methode Finiter Differenzen in Verbindung mit der Richardson Extrapolationsgleichung (5.22).

5.3.3 Lookback Rate Optionen

5.3.3.1 Algorithmus

Bei Lookback Strike Optionen wird das Bewertungsgitter für den zum Bewertungszeitpunkt aktuellen Wert von J gelöst. Bei Lookback Rate Optionen wird das Gitter zwar in der Regel ebenfalls nur für eine Ausprägung von J mit Optionswerten gefüllt, dies muß jedoch nicht mehr die aktuelle sein. Bei den in diesem Abschnitt behandelten Optionen ist die exakte Ausprägung des aktuellen Extremkurses nur dann von Bedeutung, wenn die Option bereits im

---

von $F(1)$ näher an der analytischen Lösung als jeder der beiden Werte $F(x)$ und $F(y)$ trotz der dort deutlich feineren Bewertungsgitter.

Geld ist. Falls dies nicht der Fall ist, ist die Höhe des Unterschiedes zwischen Extremkurs J und Ausübungspreis X für die Bestimmung des Optionswertes irrelevant. In dieser Situation kann deshalb angenommen werden, daß der Extremkurs gleich dem Ausübungspreis ist. Dies soll am Beispiel einer Lookback Rate Kaufoption erläutert werden.

Bei Lookback Rate Kaufoptionen entspricht der Extremkurs J nach Tabelle 5.1 dem größten aller aufgetretenen Aktienkurse. Es ist deshalb zu zeigen, daß der Wert solch einer Option die Gleichung

$$V(S, J, X, t) = V(S, J_{max}, X, t)$$

erfüllt, d.h. daß der Extremkurs J durch das Maximum $J_{max} = \max(J, X)$ aus Extremkurs und Ausübungspreis ersetzt werden kann, ohne daß dies den Wert der Option beeinflußt. Dafür wird der innere Wert der Option nach Ersetzen von J durch J_{max}

$$\left[J_{max} - X\right]^+ = \left[\max(J, X) - X\right]^+ = \begin{cases} J - X & \Leftrightarrow & J \geq X \\ 0 & \Leftrightarrow & J < X \end{cases}$$

untersucht. Man erkennt, daß der innere Wert der modifizierten Option zu jedem Zeitpunkt gerade dem inneren Wert $[J - X]^+$ der ursprünglichen Lookback Rate Kaufoption ohne Veränderung des Extremkurses entspricht. Wenn aber die inneren Werte der beiden Optionen zu jedem Zeitpunkt identisch sind, so müssen auch deren Optionswerte identisch sein. Auf die gleiche Art und Weise kann gezeigt werden, daß für Lookback Rate Verkaufoptionen die äquivalente Gleichung

$$V(S, J, X, t) = V(S, J_{min}, X, t)$$

mit $J_{min} = \max(J, X)$ gilt. Es ist deshalb möglich, die Optionswerte aller Lookback Rate Optionen nicht zum aktuellen Extremkurs J sondern zum je nach Ausgestaltung als Kauf- oder Verkaufoption modifizierten Extremkurs J_{max} bzw. J_{min} zu bewerten.[11] Dies ist in dieser Arbeit der Fall.

---

[11] Diese Eigenschaft des Wertes von Lookback Rate Optionen wird auch in den Bewertungsgleichungen (5.6) und (5.7) deutlich. In beiden Formeln erscheint J nur im abdiskontierten inneren Wert der Option und könnte auch dort durch J_{max} bzw. J_{min} ersetzt werden.

Zur Bestimmung der Randlösungen von Lookback Rate Optionen müssen Aktienkurse gefunden werden, bei denen Aussagen über den zugehörigen Optionswert gemacht werden können. Einer dieser Aktienkurse ist ähnlich wie bei Lookback Strike Optionen so weit vom modifizierten Extremkurs entfernt, daß dieser von dort innerhalb der verbleibenden Laufzeit der Option mit sehr hoher Wahrscheinlichkeit nicht mehr erreicht und deswegen auch nicht mehr verändert werden kann. Daraus folgt, daß auch der innere Wert $\left[J_{max} - X\right]^{+} = J_{max} - X$ von Kauf- bzw. $\left[X - J_{min}\right]^{+} = X - J_{min}$ von Verkaufoptionen innerhalb der verbleibenden Laufzeit konstant bleibt. Während amerikanische Optionen in dieser Situation unverzüglich ausgeübt werden, müssen europäische Optionen noch bis Fälligkeit gehalten werden und besitzen deswegen nur den auf Fälligkeit abdiskontierten inneren Wert. Tabelle 5.5 zeigt diese Randbedingung in der ersten Spalte.

	Nicht-Extremwert	Extremwert	Fälligkeit
Europäische Kaufoption	$e^{-r(T-t)}(J_{max} - X)$	$\dfrac{\partial V}{\partial S} = \dfrac{V}{S} + e^{-r(T-t)}\dfrac{X}{S}$	$J_{max} - X$
Amerikanische Kaufoption	$J_{max} - X$	$\dfrac{\partial V}{\partial S} = \dfrac{V}{S} + e^{-r(T-t)}\dfrac{X}{S}$ $\dfrac{\partial V}{\partial J} = 0$	$J_{max} - X$
Europäische Verkaufoption	$e^{-r(T-t)}(X - J_{min})$	$\dfrac{\partial V}{\partial S} = \dfrac{V}{S} - e^{-r(T-t)}\dfrac{X}{S}$	$X - J_{min}$
Amerikanische Verkaufoption	$X - J_{min}$	$\dfrac{\partial V}{\partial S} = \dfrac{V}{S} - e^{-r(T-t)}\dfrac{X}{S}$ $\dfrac{\partial V}{\partial J} = 0$	$X - J_{min}$

Tabelle 5.5: Randwertbedingungen von Lookback Rate Optionen

Der zweite Aktienkurs, zu dem eine Aussage über den Optionswert gemacht werden kann, ist der modifizierte Extremwert. Herleitung und Ergebnis der Randbedingung sind dabei für die verschiedenen Varianten von Lookback Rate Optionen unterschiedlich und sollen im folgenden am Beispiel einer europäischen Lookback Rate Kaufoption detailliert erläutert werden.

Um das Verhalten des Optionswertes an der Stelle $S = J_{max} \geq X$ zu untersuchen, wird für ein beliebiges $\Delta S > 0$ ein Portfolio aus

- $+\dfrac{S + \Delta S}{S}$ europäischen Lookback Rate Kaufoptionen mit Ausübungspreis $\dfrac{S}{S + \Delta S} X$

- $-\dfrac{S + \Delta S}{S}$ europäischen Lookback Rate Kaufoptionen mit Ausübungspreis X

- $-e^{-r(T-t)} \Delta S \dfrac{X}{S}$ risikolosen Anleihen

untersucht. Alle Optionen besitzen den aktuellen Extremwert $J_{max} = S$ und die Fälligkeit T. Wenn $V(S, J, X, t)$ für den Wert einer Lookback Rate Kaufoption bei den angegebenen Parametern steht, so beträgt der Wert dieses Portfolios

$$\Pi = \frac{S + \Delta S}{S} V\left(S, S, \frac{S}{S + \Delta S} X, t\right) - \frac{S + \Delta S}{S} V(S, S, X, t) - e^{-r(T-t)} \Delta S \frac{X}{S}$$

oder nach Anwendung einer Variante von Theorem 6 aus Merton (1973) auf die erste Optionsposition

(5.23) $\qquad \Pi = V(S + \Delta S, S + \Delta S, X, t) - \dfrac{S + \Delta S}{S} V(S, S, X, t) - e^{-r(T-t)} \Delta S \dfrac{X}{S}.$

Wegen $J(T) \geq J_{max} \geq X > \dfrac{S}{S + \Delta S} X$ enden beide im Portfolio enthaltenen Optionen für jeden beliebigen Kursverlauf im Geld. Aus dem Portfolio resultiert deshalb mit Sicherheit eine Zahlung in Höhe von

$$\frac{S + \Delta S}{S}\left(J(T) - \frac{S}{S + \Delta S} X\right) - \frac{S + \Delta S}{S}(J(T) - X) - \Delta S \frac{X}{S} = 0.$$

Da aus dem Portfolio niemals eine positive oder negative Zahlung fließt, muß auch der Wert des Portfolios zu jedem Zeitpunkt gerade Null betragen. Wenn (5.23) gleich Null gesetzt und anschließend umgeformt wird, folgt deshalb die Differenzengleichung

$$\frac{V(S + \Delta S, S + \Delta S, X, t) - V(S, S, X, t)}{\Delta S} = \frac{V(S, S, X, t)}{S} + \frac{e^{-r(T-t)} X}{S}$$

aus der ähnlich wie bei der Differenzengleichung für Lookback Strike Optionen für ΔS gegen Null die Differentialgleichung

$$\frac{\partial V}{\partial S}(S,S,X,t) + \frac{\partial V}{\partial J}(S,S,X,t) = \frac{V(S,S,X,t)}{S} + e^{-r(T-t)}\frac{X}{S}$$

resultiert. Unter Berücksichtigung der Differentialgleichung (5.9) folgt die in Tabelle 5.5 eingetragene Randbedingung

$$\frac{\partial V}{\partial S}(S,S,X,t) = \frac{V(S,S,X,t)}{S} + e^{-r(T-t)}\frac{X}{S}$$

die an der Stelle $S = J_{max}$ vom Optionswert erfüllt wird. Die in der Tabelle ebenfalls eingetragene Randbedingung für europäische Lookback Rate Verkaufoptionen bei Erreichen des Kursniveaus J_{min} wird auf ähnliche Art und Weise hergeleitet. An der Stelle $S = J_{min} \leq X$ wird ein Portfolio untersucht, daß sich von dem beschriebenen lediglich durch das Vorzeichen der Position in Anleihen unterscheidet.

Bei Lookback Strikes unterscheiden sich die Randbedingungen für den Wert europäischer und amerikanischer Optionen bei Erreichen des Extremwertes nicht. Bei Lookback Rate Optionen gilt diese Gleichheit bei Erreichen des modifizierten Extremwertes nicht mehr. Anders als bei Optionen europäischen Typs kann für Optionen amerikanischen Typs kein Portfolio aus verschiedenen Optionen konstruiert werden, das mit Sicherheit zu einer Auszahlung in Höhe von Null führt. Der Grund hierfür ist, daß der Zeitpunkt, zu dem die im Portfolio negativ enthaltenen Optionen amerikanischen Typs ausgeübt werden, nicht mehr vorab bestimmt werden kann. Es ist deshalb nicht möglich, eine Position in risikolosen Anleihen aufzubauen, die zum unbekannten Zeitpunkt des Ausübens dieser Option gerade den Unterschied zwischen den Werten der beiden Optionspositionen ausgleicht. Alternativ kann jedoch gezeigt werden, daß der Optionswert einer amerikanischen Lookback Rate Kaufoption die Differentialungleichung

$$\frac{V(S,S,X,t)}{S} + e^{-r(T-t)}\frac{X}{S} \leq \frac{\partial V}{\partial S}(S,S,X,t) \leq \frac{V(S,S,X,t)}{S} + \frac{X}{S}$$

erfüllt.[12] Um hieraus eine für die Bewertung notwendige konkrete Randbedingung zu erhalten, muß angenommen werden, daß eine der beiden Ungleichungen für sehr große Werte von $J = S$ mit Gleichheit erfüllt ist. In dieser Arbeit ist das die linke Ungleichung, so daß die erste Eintragung in der betreffenden Zelle aus Tabelle 5.5 der Randbedingung der europäischen Kaufoption entspricht. Diese Annahme ist für große Werte von S aus zwei Gründen zulässig. Zum einen beträgt der maximale Fehler bei Bestimmung der Ableitung aus der Randbedingung $(1 - e^{-r(T-t)}) \, X/S$ und geht deshalb mit wachsendem S gegen Null, zum anderen liegt der deswegen fehlerhaft berechnete Optionswert am Rand des Gitters und somit weit vom eigentlich gesuchten Optionswert entfernt. Auf die gleiche Weise kann auch die erste Randbedingung für amerikanische Verkaufoptionen aus Tabelle 5.5 hergeleitet werden.

Da diese beiden Randbedingungen amerikanischer Optionen nicht mehr für den aktuellen Wert von J_{max} bzw. J_{min} sondern erst für einen deutlich weiter vom Ausübungspreis entfernten Wert gelten, ist bei amerikanischen Lookback Rate Optionen erstmalig eine Erweiterung des Gitters auf drei Dimensionen notwendig. Statt lediglich ein Gitter für L und t bei konstantem J zu berechnen, müssen jetzt mehrere dieser Gitter für unterschiedliche Werte von J gelöst werden. Es bietet sich dabei an, auch für die Bestimmung der zusätzlichen Werte von J die Schrittgröße ΔL zu wählen. Wenn insgesamt $(P+1)$ Werte von J berücksichtigt werden sollen, so sind dies bei Kaufoptionen die Werte

$$J_p = \exp(\ln(J_{max}) + (p - M)\Delta L) \qquad \forall \ M \leq p \leq M + P$$

und bei Verkaufoptionen

$$J_p = \exp(\ln(J_{min}) + p\Delta L) \qquad \forall - P \leq p \leq 0.$$

Für den am weitesten von X entfernt liegenden Wert J_{M+P} bzw. J_{-P} lassen sich alle Optionswerte des entsprechenden Gitters, das aus insgesamt $(M + P + 1)(N + 1)$ Punkten besteht, mit den jeweils an der ersten Stelle in den betreffenden Zellen von Tabelle 5.5 eingetragenen Randwertbedingungen bestimmen. Für alle folgenden Gitter mit den zugehörigen Werten

---

[12] Die linke Ungleichung folgt aus obigem Portfolio mit der zusätzlichen Strategie „Übe die gekaufte Option zu dem Zeitpunkt aus, zu dem auch die verkaufte Option ausgeübt wird". Die rechte Ungleichung folgt aus der

J_{M+P-1} bis $J_M = J_{\max}$ für Kaufoptionen bzw. $J_{-(P-1)}$ bis $J_0 = J_{\min}$ für Verkaufoptionen und jeweils um $(N+1)$ gegenüber dem zuvor berechneten Gitter reduzierter Anzahl Gitterpunkte ist das nicht mehr möglich. Hier wird eine zusätzliche Randbedingung benötigt, die einen Zusammenhang zwischen den benötigten Optionswerten des jeweiligen Gitterrandes und den bereits bekannten Optionswerten zuvor bestimmter Gitter herstellt. Dies ist die aus Goldman et al. (1979) bekannte Differentialgleichung (5.9)

$$\frac{\partial \mathcal{N}}{\partial J}(S, S, t) = 0$$

die als zusätzliche Randbedingung für die beiden Optionen amerikanischen Typs in Tabelle 5.2 aufgeführt ist.

	$W_{0,n}$	$W_{M,n}$
Europäische Kaufoption	$e^{-rT}(J_{\max} - X)$	$\dfrac{4W_{M-1,n} - W_{M-2,n} + 2\Delta L e^{-rT} X}{3 - 2\Delta L}$
Amerikanische Kaufoption	$e^{-m\Delta t}(J_p - X)$	$\dfrac{4W_{M+P,M+P-1,n} - W_{M+P,M+P-2,n} + 2\Delta L e^{-rT} X}{3 - 2\Delta L}$
		$W_{M+P,M+P-1,n}$ $(4W_{p+2,p,n} - W_{p+1,p,n})/3$
Europäische Verkaufoption	$\dfrac{4W_{1,n} - W_{2,n} + 2\Delta L e^{-rT} X}{3 + 2\Delta L}$	$e^{-rT}(X - J_{\min})$
Amerikanische Verkaufoption	$\dfrac{4W_{-P,-P+1,n} - W_{-P,-P+2,n} + 2\Delta L e^{-rT} X}{3 + 2\Delta L}$ $W_{-(P-1),-(P-1),n}$ $(4W_{p-2,p,n} - W_{p-1,p,n})/3$	$e^{-m\Delta t}(X - J_p)$

Tabelle 5.6: Gitterränder von Lookback Rate Optionen

---

gleichen Anlagestrategie aber einem veränderten Portfolio, bei dem gegenüber dem obigen alle Vorzeichen vertauscht und der Betrag der Position in Anleihen von $e^{-r(T-t)} X\Delta S/S$ auf $X\Delta S/S$ erhöht wird.

Die letzte Spalte in Tabelle 5.5 betrifft den Optionswert bei Fälligkeit. Ihre Eintragungen resultieren direkt aus den Auszahlungsfunktionen der betreffenden Optionen. Man erkennt, daß die Endwerte hier erstmalig unabhängig vom Kurs des Basiswertes bei Fälligkeit sind. Zum letzten Gitterzeitpunkt sind deswegen die Optionswerte für alle Aktienkurse identisch.

Wie bei allen zuvor behandelten Optionen müssen auch hier die in Tabelle 5.5 verwandten Randwertbedingungen für S und V in die im Gitter genutzten Werte L und W transformiert werden. Für die Eintragungen europäischer Optionen ähneln dabei Vorgehen und Ergebnis denen von Lookback Strike Optionen, lediglich bei den Randwertbedingungen amerikanischer Optionen ist das Vorgehen aufwendiger und soll deshalb im folgenden ausführlich erläutert werden. Alle Optionswerte am oberen und unteren Gitterrand sind in Tabelle 5.6 eingetragen. Die Optionswerte bei Fälligkeit sind aus Platzgründen nicht eingetragen. Sie entsprechen bei allen Optionen dem mit dem Faktor e^{-rT} abdiskontierten inneren Optionswert.

Die Eintragungen für amerikanische Optionen müssen das jeweils gültige und durch J_p definierte Gitter berücksichtigen. Dafür ist es notwendig, den Optionswert W statt mit lediglich zwei Indizes m und n für L und t noch mit einem zusätzlichen Index p für den Extremwert J zu versehen. $W_{p,m,n}$ steht dann für den alten Optionswert $W_{m,n}$ in einem Gitter mit dem Extremwert J_p. Bei Kaufoptionen erfüllen p und m die beiden Ungleichungen $M \leq p \leq (M + P)$ und $0 \leq m \leq p$ und bei Verkaufoptionen $-P \leq p \leq 0$ und $p \leq m \leq M$. Die Indizes p und m können bei Verkaufoptionen also auch negative Werte annehmen. Für n gilt unverändert die Ungleichung $0 \leq n \leq N$.

Die Berücksichtigung des jeweiligen Gitters in den Randwertbedingungen gestaltet sich bei Fälligkeit und für den Gitterrand ungleich J_p recht einfach. Gegenüber europäischen Optionen ersetzt J_p bei amerikanischen Optionen lediglich den Wert von $J_{\max}$ bzw. $J_{\min}$. Für den Optionswert bei Erreichen von J_p ist die Anpassung an das Gitter mit insgesamt drei Eintragungen deutlich aufwendiger. Der erste Eintrag in jeder der beiden Zellen betrifft das erste zu lösende Gitter mit dem Extremwert J_{M+P} für Kauf- bzw. J_{-P} für Verkaufoptionen. Sie folgt aus der ersten Randbedingung der jeweils äquivalenten Zelle von Tabelle 5.5. Da die dort eingetragene Randbedingung der der jeweiligen europäischen Option entspricht, ist auch der erste Eintrag in Tabelle 5.6 weitgehend mit dem der europäischen Option identisch. W besitzt lediglich einen zusätzlichen dritten Index zur Bestimmung des jeweiligen Gitters und der Index für L berücksichtigt dies.

Ab dem zweiten Eintrag greift die neue Randbedingung (5.9), die den Zusammenhang zwischen Optionswerten bei unterschiedlichen Extremwerten J_p herstellt. Der erste dieser beiden Einträge in jeder der beiden Zellen betrifft die Randlösungen des zweiten zu lösenden Gitters mit dem Extremwert J_{M+P-1} bzw. $J_{-(P-1)}$. Zur Bestimmung des Optionswertes kann hier für jeden Randwert lediglich auf einen zuvor berechneten Optionswert bei den gleichen Werten von L und t aber anderem J aufgebaut werden. Für eine amerikanische Lookback Rate Kaufoption folgt deshalb aus Gleichung (3.23) und der entsprechenden Taylor Expansion die Gleichung

$$\frac{\partial V}{\partial J}(J_{M+P-1}, J_{M+P-1}, n\Delta t) = \frac{e^{m\Delta t}}{J_{M+P-1}} \times \frac{W_{M+P, M+P-1, n} - W_{M+P-1, M+P-1, n}}{\Delta L} = 0$$

aus der der in Tabelle 5.6 eingetragene Wert für $W_{M+P-1, M+P-1, n}$ abgeleitet werden kann.

Ab dem dritten Gitter kann zur Definition des gesuchten Randwertes $W_{p,p,n}$ auf zwei zuvor bestimmte Optionswerte zurückgegriffen werden. Für die amerikanische Lookback Rate Kaufoption sind dies die Werte $W_{p+1,p,n}$ und $W_{p+2,p,n}$. Es gilt die Gleichung

$$\frac{\partial V}{\partial J}(J_p, J_p, n\Delta t) = \frac{e^{m\Delta t}}{J_p} \times \frac{3W_{p+2,p,n} - 4W_{p+1,p,n} + W_{p,p,n}}{2\Delta L} = 0$$

die nach dem in Tabelle 5.6 eingetragenen Wert für $W_{p,p,n}$ aufgelöst werden kann. In beiden Fällen kann der entsprechende Wert einer amerikanischen Lookback Rate Verkaufoption auf ähnliche Weise hergeleitet werden.

Um den aus Abschnitt 5.3.2 bekannten Algorithmus der θ-Methode Finiter Differenzen auch auf Lookback Rate Optionen anwenden zu können, müssen aus den Randwerten aus Tabelle 5.6 die für die Matrizengleichung (5.14) benötigten Werte von M_l und ω_n bestimmt werden. Das Vorgehen bei der Herleitung dieser in Tabelle 5.7 aufgeführten Werte entspricht dabei weitgehend dem bei Lookback Strikes und wird deshalb hier nicht näher erläutert.

	b_i'	c_i'	ω'
Europäische Kaufoption	b_i	c_i	$e^{-rT}(J_{max} - X)$
Amerikanische Kaufoption	b_i	c_i	$e^{-rT}(J_p - X)$
Europäische Verkaufoption	$b_i + \dfrac{4a_i}{3+2\Delta L}$	$c_i - \dfrac{a_i}{3+2\Delta L}$	$\dfrac{2\Delta L e^{-rT} X}{3+2\Delta L}$
Amerikanische Verkaufoption	$b_i + \dfrac{4a_i}{3+2\Delta L}$	$c_i - \dfrac{a_i}{3+2\Delta L}$	$\dfrac{2\Delta L e^{-rT} X}{3+2\Delta L}$
	b_i	c_i	$W_{-P,-(P-1),n}$
	b_i	c_i	$(4W_{p-2,p,n} - W_{p-1,p,n})/3$

	a_i''	b_i''	ω''
Europäische Kaufoption	$a_\theta - \dfrac{c_\theta}{3-2\Delta L}$	$b_i + \dfrac{4c_i}{3-2\Delta L}$	$\dfrac{2\Delta L e^{-rT} X}{3-2\Delta L}$
Amerikanische Kaufoption	$a_\theta - \dfrac{c_\theta}{3-2\Delta L}$	$b_i + \dfrac{4c_i}{3-2\Delta L}$	$\dfrac{2\Delta L e^{-rT} X}{3-2\Delta L}$
	a_i	b_i	$W_{M+P,M+P-1,n}$
	a_i	b_i	$(4W_{p+2,p,n} - W_{p+1,p,n})/3$
Europäische Verkaufoption	a_i	b_i	$e^{-rT}(X - J_{min})$
Amerikanische Verkaufoption	a_i	b_i	$e^{-rT}(X - J_p)$

Tabelle 5.7: Matrixelemente von Lookback Rate Optionen

Unter Verwendung dieser Tabelle können aus Gleichung (5.14) rekursiv Optionswerte zu jedem Zeitpunkt und Aktienkurs des Gitters sowie bei amerikanischen Optionen auch zu jedem Extremwert bestimmt werden. Abbildung 5.4 gibt ein Crank-Nicolson Beispielgitter für die in Abschnitt 5.2 bereits analytisch bewertete europäische Lookback Rate Verkaufoption. Da das der Berechnung zugrundeliegende Minimum $J = 100$ unterhalb des Ausübungspreises $X = 110$ liegt, wurde die Berechnung für $J_{min} = \min(100, 110) = 100$ durchgeführt. Weil der bei Fälligkeit aktuelle Aktienkurs S nicht in der Auszahlungsfunktion der Option enthalten ist, sind hier erstmalig alle Optionswerte der letzten Spalte identisch. Das Gitter ist so aufgebaut, daß der aktuelle Aktienkurs $S = 110$ einer der untersuchten Aktienkurse ist. Der gesuchte Optionswert läßt sich deshalb mit 15,32 ohne Interpolation aus dem Gitter bestimmen. Er liegt etwas oberhalb des analytischen Wertes von 14,93.

Aktien-	Optionswerte zum Ende von						
kurse	Monat 0	Monat 1	Monat 2	Monat 3	Monat 4	Monat 5	Monat 6
194,87	9,51	9,59	9,67	9,75	9,83	9,92	10,00
177,16	9,53	9,60	9,67	9,75	9,83	9,92	10,00
461,05	9,57	9,62	9,69	9,76	9,84	9,92	10,00
146,41	9,74	9,73	9,74	9,78	9,84	9,92	10,00
133,10	10,29	10,13	10,00	9,91	9,89	9,93	10,00
121,00	11,83	11,40	10,97	10,55	10,20	10,00	10,00
110,00	15,32	14,64	13,87	12,99	11,94	10,67	10,00
100,00	21,75	21,09	20,31	19,38	18,24	16,76	10,00

Abbildung 5.4: Crank-Nicolson Gitter einer europäischen Lookback Rate Verkaufoption

5.3.3.2 Approximationsverhalten

Bei Lookback Rate Optionen treten in den Randbedingungen wie bei Lookback Strike Optionen Zusammenhänge zwischen Ableitungen von W und W selber auf. Dadurch beträgt auch hier die Ordnung des Fehlerterms selbst für die Crank-Nicolson Parameterwahl $\theta = \frac{1}{2}$ nicht $\Delta L^2 + \Delta t^2$ wie bei Standard oder Barrier Optionen sondern nur $\Delta L^2 + \Delta t$.[13] Abbildung 5.5 zeigt das Crank-Nicolson Ergebnis für verschiedene Werte von $10/M = 10/N$. Man erkennt, daß die berechneten Optionswerte in beiden Abbildungen annähernd auf der ebenfalls eingezeich-

---

[13] Bei amerikanischen Optionen besitzt der Differenzenquotient, der beim zweiten zu lösenden Gitter die Ableitung an der Stelle $S = J_p$ ersetzt, einen Fehlerterm der Ordnung ΔL statt ΔL^2. Da dies jedoch nur ein einmaliger

neten Kurve einer linearen Regression für $Q = 2$ liegen. Der Korrelationskoeffizient liegt bei über 99,99%. Auch der Schnittpunkt zwischen der Regressionskurve mit der y-Achse entspricht wieder der analytischen Lösung.

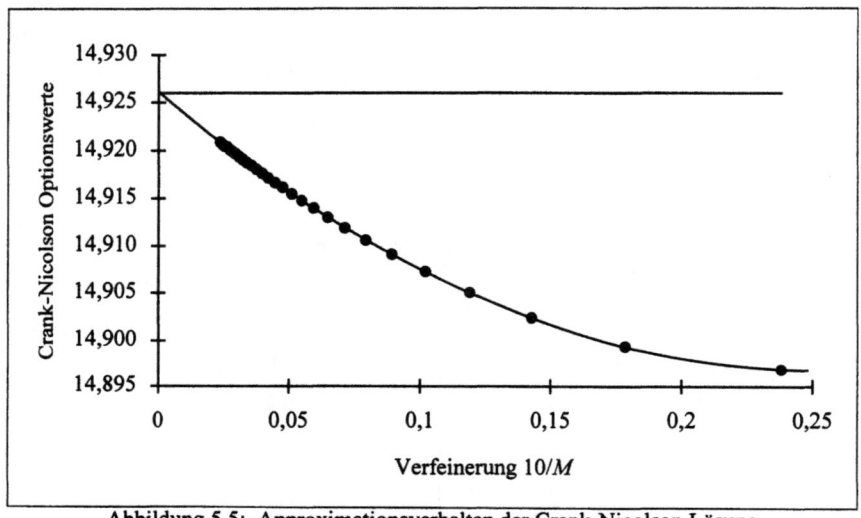

Abbildung 5.5: Approximationsverhalten der Crank-Nicolson Lösung

Da Abbildung 5.5 zeigt, daß auch hier die einfachste Form des Richardson Polynoms für die Abschätzung des Grenzwertes ausreicht, bietet sich bei diesen Optionen wie bei Lookback Strikes die Extrapolation mittels Gleichung (5.22) an. Ein Berechnungsbeispiel zeigt, wie gut bei diesem Ansatz der analytische Wert approximiert wird. Für $M = N = 28$, $x = 1,5$ und $y = 2$ betragen die Crank-Nicolson Ergebnisse $F(1) = 14,901$, $F(x) = 14,879$ und $F(y) = 14,899$ und unterscheiden sich damit noch deutlich von der analytischen Lösung 14,926. Der extrapolierte Grenzwert $F(\infty) = 14,925$ demgegenüber unterscheidet sich erst in der dritten Nachkommastelle vom analytischen Wert.

Neben der Genauigkeit ist die benötigte Rechenzeit das für die Auswahl einer numerischen Methode entscheidende Kriterium. Bei europäischen Lookback Rates basiert die Rechnung auf der gleichen Anzahl Optionswerte wie bei Lookback Strikes und benötigt deshalb auch in

---

und sehr weit entfernt vom gesuchten Optionswert auftretender Fehler ist, hat die Lösung der Methode Finiter Differenzen auch bei amerikanischen Optionen einen Fehlerterm der Ordnung $\Delta L^2 + \Delta t$.

etwa die gleiche Zeit. Bei amerikanischen Lookback Rates ist das wegen der zusätzlichen dritten Dimension anders. Die Anzahl der für eine Berechnung benötigten Optionswerte wächst in etwa proportional mit der Anzahl Schritte P der dritten Gitterdimension. Dies führt gegenüber europäischen Optionen zu einer deutlichen Erhöhung der Rechenzeit, die aber bei gleicher Genauigkeit noch immer unter der anderer numerischer Methoden liegt.[14] Aus diesem Grund empfiehlt diese Arbeit auch für die Bewertung von Lookback Rate Optionen den Einsatz der Crank-Nicolson Methode Finiter Differenzen in Verbindung mit der Richardson Extrapolation (5.22).

---

[14] Für die Bewertung eine amerikanischen Lookback Rate Option müssen bei Anwendung der Methode Finiter Differenzen und bei Gitterverfeinerungen P, M und N insgesamt $(P + 1)(M + 1)(N + 1) + N P (P + 1)/2$ Optionswerte berechnet werden. Für die drei bei der Richardson Extrapolation (5.22) notwendigen Optionswerte müssen deshalb bei Wahl der Verfeinerungen $P = M = N = 28$, $x = 1,5$ und $y = 2$ insgesamt 427.759 Optionswerte bestimmt werden. Dies sind bei höherer Genauigkeit deutlich weniger als die 691.951 im Binomialmodell bei $N = 200$.

6 Average Optionen

6.1 Beschreibung und Einsatz

Während die Auszahlung der bisher ausführlich behandelten exotischen Optionen vom maximalen oder minimalen Aktienkurs während der Laufzeit der Option abhängt, ist bei Average Optionen das arithmetische Mittel aller Aktienkurse von Bedeutung.[1] Wie bei Lookback Optionen kann dieses Mittel in der Auszahlungsfunktion der Option entweder an die Stelle des Ausübungspreises oder an die des Aktienkurses treten. Im ersten Fall handelt es sich um Average Rate und im zweiten um Average Strike Optionen. In beiden Varianten berechnet sich das arithmetische Mittel der Aktienkurse zum Zeitpunkt t als $J(t)/t$, wobei $J(t)$ für die aufsummierten Aktienkurse

$$(6.1) \qquad J(t) = \int_0^t S(\tau)d\tau$$

steht. Unter Verwendung dieser Definition von J folgt bei Fälligkeit für eine Average Strike Kaufoption die Auszahlung

$$(6.2) \qquad C(S, J, T) = \max(S - J / T, 0)$$

und für eine Average Rate Kaufoption

$$(6.3) \qquad C(S, J, T) = \max(J / T - X, 0).$$

Für Verkaufoptionen wird in der jeweiligen Auszahlungsfunktion die Reihenfolge der Ausdrücke S und J/T bzw. X und J/T vertauscht.

Abbildung 6.1 veranschaulicht die aus Average Kaufoptionen entsprechend (6.2) und (6.3) resultierenden Auszahlungen. Dafür ist zu jedem Zeitpunkt t neben dem Aktienkursverlauf und dem Ausübungspreis auch das aktuelle arithmetische Mittel $J(t)/t$ eingezeichnet. Man erkennt, daß für diesen Aktienkursverlauf nur die Strike Kaufoption im Geld endet, während

---

[1] Average Optionen werden in der Literatur häufig auch als asiatische Optionen bezeichnet. Da dies bei der Berücksichtigung des vorzeitigen Ausübungsrechtes zu geographischen Wortungetümen wie europäischen asia-

die Rate Kaufoption wertlos verfällt. Die starken Kurssteigerungen gegen Ende der Options-laufzeit, die die Average Rate Kaufoption ins Geld bringen, reichen nicht aus, um das über die gesamte Laufzeit berechnete und deswegen vergleichsweise träge arithmetische Mittel über den Ausübungspreis zu heben.

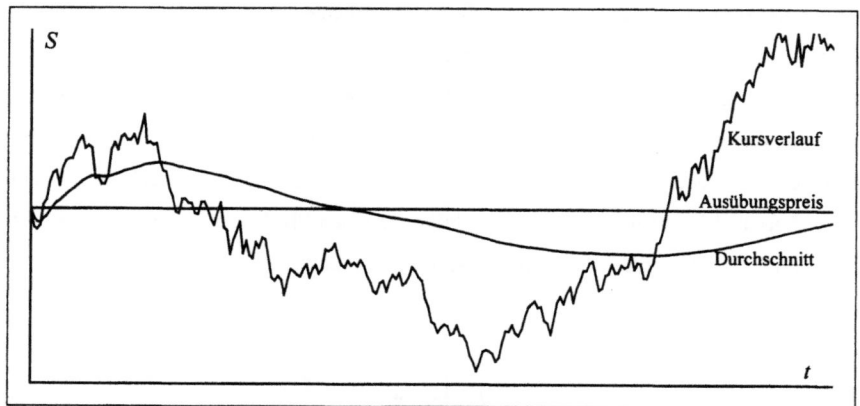

Abbildung 6.1: Auszahlungen von Average Optionen

Der Einsatz von Average Optionen ist insbesondere im Bereich von Devisenoptionen ver-breitet. Dort ermöglichen sie es Firmen mit über einen längeren Zeitraum gestreckten Zah-lungsein- oder -ausgängen in Fremdwährung, sich gleichzeitig gegen ungünstige Wechsel-kursentwicklungen abzusichern und weiterhin von günstigen Entwicklungen zu profitieren. Die Anwendung von Average Optionen mit dieser Zielsetzung soll an einem Beispiel erläutert werden.

Eine deutsche Fluglinie least in den USA für ein Kalenderjahr ein Flugzeug, das sie im Ver-kehr zwischen Deutschland und den USA einsetzen will. Als Leasingrate wird ein Betrag von USD 12 Mio. vereinbart, der zum ersten Juli fällig ist. Die Fluggesellschaft nimmt aus den Erfahrungen der Vergangenheit an, daß ihr aus dem Verkauf von Tickets in den USA nach Abzug sonstiger aus dem Betrieb des Flugzeugs resultierender und in USD fälliger Kosten ein monatlicher Überschuß von USD 1 Mio. verbleibt. Die Fluggesellschaft sieht sich also inner-halb eines Jahres Zahlungsein- und -ausgängen in Höhe von jeweils USD 12 Mio. gegenüber. Sie ist aber dennoch nicht perfekt gegen Wechselkursrisiken geschützt, da die gesamten Zah-

---

tischen oder amerikanischen asiatischen Optionen kommen kann, bevorzugt diese Arbeit die Bezeichnung Aver-age Optionen.

lungen zum zur Jahresmitte gültigen Wechselkurs geleistet werden, während sich die Eingänge gleichmäßig über das gesamte Jahr verteilen und deshalb zu möglicherweise ungünstigeren Kursen erfolgen.

Um sich gegen dieses Risiko zu schützen, kann die Fluggesellschaft zeitversetzt zwei Positionen in Average Optionen erwerben. Als erste Position kauft sie am ersten Januar Average Strike Kaufoptionen auf insgesamt USD 6 Mio. mit einer Laufzeit von sechs Monaten und als zweite Position am ersten Juli Average Rate Verkaufoptionen über die verbleibenden USD 6 Mio. mit einer Laufzeit von noch einmal sechs Monaten und dem Ausübungspreis gleich dem zu diesem Zeitpunkt gültigen Wechselkurs.[2] Durch die Position in Average Strike Optionen hedged sich die Fluggesellschaft gegen potentielle Währungsverluste aus den USD 6 Mio. des ersten Halbjahres und mit den Average Rate Optionen gegen mögliche Währungsverluste aus dem gleichen Betrag des zweiten Halbjahres. Wenn $S(0)$, $S(\frac{1}{2})$ und $S(1)$ die Wechselkurse DEM/USD zu Anfang, Mitte und Ende des Kalenderjahres bezeichnen, und wenn $J_1 = \int_0^{\frac{1}{2}} S(\tau)d\tau$ bzw. $J_2 = \int_{\frac{1}{2}}^1 S(\tau)d\tau$ die aufaddierten Wechselkurse in der ersten bzw. zweiten Jahreshälfte darstellen, so folgt unter Vernachlässigung von Zinseffekten ein in DEM bewerteter Zahlungsfluß von insgesamt

$$+ 6 \text{ Mio.} \times (2J_1 + \left[S(\tfrac{1}{2}) - 2J_1\right]^+)$$
$$- 12 \text{ Mio.} \times S(\tfrac{1}{2})$$
$$+ 6 \text{ Mio.} \times (2J_2 + \left[S(\tfrac{1}{2}) - 2J_2\right]^+) \geq 0$$

der für alle möglichen Entwicklungen des Wechselkurses nicht negativ ist. Durch die Hegestrategie ist es der Fluglinie also gelungen, ihre gesamten USD-Einnahmen mindestens zu dem Wechselkurs zu verkaufen, zu dem sie auch zur Jahresmitte die Leasingrate tauscht. Falls der durchschnittliche Wechselkurs mindestens eines der beiden Halbjahre über diesem Kurs liegt, erzielt sie einen zusätzlichen Gewinn. Der Preis für diese Hedgestratgegie entspricht der zu leistenden Zahlung für Average Optionen über insgesamt USD 12 Mio.

---

[2] Um die gesamten Kosten der Optionspositionen bereits zum Anfang des Jahres zu bestimmen, könnten die Average Rate Verkaufoptionen auch als Forward Start Average Rate Optionen bereits zum 1. Januar erworben werden. Der Käufer einer Forward Start Option bezahlt bereits heute eine Optionsprämie für eine Option, deren genaue Vertragsbedingungen erst zu einem späteren Zeitpunkt anhand des dann gültigen Aktienkurses bestimmt werden. Vgl. Ong (1996).

Ein zusätzlicher Einsatzgrund von Average Optionen liegt in der Betonung langfristiger Trends gegenüber kurzfristigen Schwankungen. Ein Beispiel hierfür bilden die Führungskräfteoptionen der Henkel KGaA, deren Auszahlung vom durchschnittlichen Kurs zweier Halbjahre abhängt. Bei der Vorstellung der Optionen auf der Hauptversammlung 1997, die der Ausgabe der Optionen zustimmen mußte, wurde dieses Ausgestaltungsmerkmal mit der gewünschten Berücksichtigung langfristiger Trends statt kurzfristiger Ausschläge begründet. Ein ähnlicher Einsatzgrund liegt in der Vermeidung von Möglichkeiten zur Manipulation des Basiswertes von Optionen, die in Geld erfüllt werden.[3]

Sowohl in den USA als auch in Europa werden Average Optionen wegen der Notwendigkeit des Zuschneidens auf konkrete Kundenbedürfnisse überwiegend im OTC-Bereich gehandelt. Laut Nicholls (1996) ist aber für 1997 ihre Einführung an Börsen von London und New York geplant. In Deutschland werden Average Optionen seit einigen Jahren in der Form von Optionsscheinen an Wertpapierbörsen gehandelt.[4]

6.2 Geschlossene Lösungen

Während bei allen bislang detailliert behandelten Optionen zumindest für die europäischen Varianten geschlossene Bewertungsformeln hergeleitet werden können, gilt dies bei Average Optionen erstmalig nicht mehr. Da das bei diesen Optionen in allen Auszahlungsfunktionen enthaltene arithmetische Mittel $J(T)/T$ anders als der Aktienkurs $S(T)$ nicht lognormal verteilt ist, kann der Erwartungswert der Auszahlung bei Fälligkeit nicht mehr analytisch bestimmt werden. Neben dem Einsatz numerischer Methoden ist deshalb in einigen Arbeiten zumindestens für Average Rate Optionen auch die Verwendung analytischer Approximationen unter-

---

[3] Verschiedene Zeitungsartikel haben Geschäfte in Allianz an beiden Frankfurter Börsen als Beispiel möglicher Kursmanipulationen von Aktien mit dem Ziel zusätzlicher Gewinne aus Aktienderivaten zitiert. Am 15. April 1997 wurden von einem Kreditinstitut innerhalb der letzen zwei Handelsminuten in IBIS der Frankfurter Wertpapierbörse so zahlreich Allianz Aktien verkauft, daß deren Kurswert innerhalb der ersten dieser beiden Minuten in mehreren Einzelschritten um insgesamt über 3% fiel und in der letzten Minute auch auf diesem niedrigen Niveau verblieb. Während der erste Kurs des folgenden Handelstages diesen kurzfristigen Einbruch nicht berücksichtigte und auf dem alten höheren Niveau lag, wurde der DTB-Settlementkurs am 15. April regelgerecht aus den Kursen der letzten Handelsminute berechnet und lag damit auf dem gedrückten Kursniveau. Durch Ausüben von an der DTB gehandelten Allianz Verkaufoptionen, die in Geld und nicht in Stück erfüllt werden, konnte das Allianz-Aktien verkaufende Kreditinstitut vom kurzfristig deutlich erhöhten inneren Wert seiner Optionen profitieren. Hätte sich der Settlementpreis demgegenüber als Mittel von Kursen einer längeren Zeitspanne bestimmt, wäre ein nur knapp zwei Minuten andauernder tieferer Kurs bei Berechnung des inneren Optionswertes kaum ins Gewicht gefallen. Vgl. z.B. Börsen-Zeitung vom 06.06.1997.
[4] Vgl. z.B. die asiatischen Calls und Puts der DG Bank mit Fälligkeit September 1994.

sucht worden. Ausgangspunkt aller Arbeiten ist dabei immer der Wert einer Average Rate Option, deren Mittelwert zum Zeitpunkt t nicht arithmetisch sondern geometrisch aus der Gleichung

$$J(t) = \exp\left(\frac{1}{t}\int_0^t \ln\big(S(\tau)\big)d\tau\right)$$

bestimmt wird.[5] Da das über die Zeit gebildete geometrische Mittel von Aktienkursen, die einer geometrischen Brown'schen Bewegung folgen, selbst wieder einer geometrischen Brown'schen Bewegung folgt, konnten Kemna, Vorst (1990) eine geschlossene Bewertungs-formel für europäische Average Rate Optionen mit geometrischer Mittelwertbildung bestim-men.[6] Vorst (1992) hat dieses Ergebnis genutzt, um den Wert europäischer Average Rate Optionen mit arithmetischer Mittelwertbildung analytisch durch die Verwendung eines leicht abgeänderten Ausübungspreises in der ansonsten identischen Formel bei geometrischer Mit-telwertbildung zu approximieren. Turnbull, Wakeman (1991) und Levy, Turnbull (1992) sind einen ähnlichen Weg gegangen und haben in der gleichen Bewertungsformel nur den Erwar-tungswert und die Varianz des Mittels angepaßt, um so den Wert der gesuchten Option abzu-schätzen. Vorst (1996) hat alle drei analytischen Approximationsmethoden verglichen und kommt dabei zu dem Ergebnis, daß der Ansatz von Turnbull, Wakeman die mittels Monte Carlo Verfahren bestimmten Vergleichswerte am besten approximiert. Auch Hull, White (1993) haben sich mit dem Turnbull, Wakeman Algorithmus beschäftigt. In zahlreichen Ver-gleichsrechnungen mit den Ergebnissen der Monte Carlo Methode stellen sie fest, daß die Mehrheit der Turnbull, Wakeman Ergebnisse mindestens drei Standardabweichungen vom Monte Carlo Wert entfernt liegt. Sie folgern daraus, daß diese Methode nur unbefriedigende Resultate liefert.

---

[5] Anders als bei arithmetischen Average Optionen ist bei geometrischen Average Optionen bereits $J(t)$ und nicht erst $J(t)/t$ das Mittel.
[6] Ziel von Kemna, Vorst (1990) war ebenfalls die Bestimmung europäischer Average Rate Optionen mit arith-metischer Mittelwertbildung. Der Wert europäischer Average Rate Optionen mit geometrischer Mittelwertbil-dung wurde von ihnen nur im Rahmen der Control Variate Technik beim Einsatz der Monte Carlo Methode verwandt.

6.3 Bewertung mittels Methode Finiter Differenzen

6.3.1 Grundlagen

Der vorherige Abschnitt hat gezeigt, daß für Average Optionen keine geschlossenen Lösungen bekannt sind, und daß die für die Teilgruppe der Average Rate Optionen bekannten analytischen Approximationen teilweise als nicht zufriedenstellend bewertet werden. In diesem Abschnitt soll deshalb die numerische Bewertung von Average Strike und Rate Optionen untersucht werden. Die Monte Carlo Methode, die Kemna, Vorst (1990) und Boyle (1996) verwenden, wird dabei wegen der langen Rechenzeiten nicht näher erläutert. Mit ihr sollen aber die Vergleichswerte für die untersuchten numerischen Methoden bestimmt werden. Für eine europäische Average Strike Verkaufoption mit den Parametern $S = 100$, $X = 100$, $J = 50$, $\sigma = 25\%$, $r = 10\%$, $q = 5\%$, $(T - t) = \frac{1}{2}$ und $t = \frac{1}{2}$ wurde ein Monte Carlo Wert von 4,329 bei einer Standardabweichung von 0,014 berechnet, für eine europäische Average Rate Verkaufoption mit den gleichen Parametern ein Wert von 1,662 und eine Standardabweichung von 0,006.[7] Daraus folgen die beiden 95%-Konfindenzintervalle 4,302 bis 4,357 für die Strike und 1,651 bis 1,672 für die Rate Option.[8]

Die Verwendung des Binomialmodells zur Bewertung von Average Optionen wird insbesondere von Hull, White (1993) empfohlen. Um dabei das bei Pfadabhängigkeit auftretende exponentielle Wachstum eines Binomialbaums mit N Zeitschritten auf $\left(2^{N+1} - 1\right)$ Knoten zu vermeiden, schlagen sie eine Interpolationstechnik vor. Beginnend mit dem Zeitpunkt $n = N$ berechnen Hull, White in jedem Knoten eines gegenüber pfadabhängigen Optionen unveränderten Baumes rekursiv Optionswerte für $2n - 1$ verschiedene vorab definierte arithmetische Mittel. Die dabei für alle Zeitpunkte $n \leq N - 1$ notwendigen Optionswerte des Folgezeitpunktes $n + 1$ werden aus den im vorherigen Schritt berechneten Optionswerten linear interpoliert. Auf diese Weise müssen statt $(N + 1)(N + 2)/2$ wie bei Standard Optionen jetzt insgesamt $(N + 1)(N + 2)(4N + 3)/6$ Optionswerte bestimmt werden, für $N = 100$ beispielsweise

---

[7] Die Monte Carlo Werte basieren auf 100.000 Simulationsläufe mit einer Unterteilung der restlichen Laufzeit $(T - t)$ in 100 Schritte. Als Methode zur Reduktion der Varianz wurde die Antithetic Variable Technik angewandt. Der betriebene Rechenaufwand ist damit etwas höher als der bei Hull, White (1993).
[8] Zur Bestimmung der beiden Grenzen eines 95%-Konfidenzintervalle wird der Monte Carlo Wert um jeweils 1,96 Standardabweichungen vermindert bzw. erhöht.

691.951 statt 5.151. Laut Hull, White führt dieser Ansatz zu deutlich genaueren Werten als die zuvor beschriebenen analytischen Approximationen und ist dabei schneller als die Monte Carlo Methode.

Diese Arbeit wird auch bei Average Optionen den Schwerpunkt auf die Bewertung mittels Methode Finiter Differenzen legen. Dafür muß zuerst die für Strikes und Rates identische Optionsbewertungsdifferentialgleichung der Funktion $V(S, J, t)$ hergeleitet werden, die neben Veränderungen von S und t auch solche von J berücksichtigt. In einem ersten Schritt wird deshalb die Veränderung von J in einem kurzen Intervall dt bestimmt. Aus Gleichung (6.1) folgt für dJ die Gleichung

$$(6.4) \qquad dJ = S(t)dt \, .$$

Wenn diese Änderung von J bei der Veränderung des Optionswertes berücksichtigt wird, folgt statt Gleichung (3.2) für Standard Optionen die Gleichung

$$(6.5) \qquad dV = \left(\frac{\partial V}{\partial S} \mu S + \frac{\partial V}{\partial t} + \frac{1}{2} \frac{\partial^2 V}{\partial S^2} \sigma^2 S^2 + \frac{\partial V}{\partial J} S \right) dt + \frac{\partial V}{\partial S} \sigma S dz$$

für Average Optionen. Mit dem Portfolio und den darauffolgenden Schritten aus Kapitel 3 kann hieraus die Bewertungsdifferentialgleichung für Average Optionen als

$$(6.6) \qquad \frac{\partial V}{\partial t} + (r-q)S \frac{\partial V}{\partial S} + \frac{1}{2} \sigma^2 S^2 \frac{\partial^2 V}{\partial S^2} + S \frac{\partial V}{\partial J} = rV$$

bestimmt werden. Sie wird vom Wert jeder Option erfüllt, deren Auszahlung neben dem aktuellen Aktienkurs und der Zeit nur noch vom arithmetischen Durchschnitt abhängt. Dies sind insbesondere Average Rate und Strike Optionen. Unterschiedliche Optionswerte von Rates und Strikes bei ansonsten identischen Parameterwerten resultieren nur aus verschiedenen Randwertbedingungen. (6.6) ist erstmalig eine Optionsbewertungsdifferentialgleichung, die sich von der einer Standard Option unterscheidet. Gegenüber (3.7) besitzt sie die zusätzliche Ableitung $\partial V / \partial J$ mit dem Koeffizienten S. Das weitere Vorgehen bei der Anwendung der Methode Finiter Differenzen wird sich deshalb bei den in diesem Kapitel behandelten exotischen Optionen deutlicher von dem bei Standard Optionen unterscheiden, als dies bislang der Fall war.

Bei Standard Optionen wurde die ursprüngliche Bewertungsdifferentialgleichung (3.7) vor Anwendung der Methode Finiter Differenzen durch die beiden Transformationen (3.20) und (3.21) in die neue Differentialgleichung (3.25) umgeformt. Das Ersetzen des Aktienkurses durch dessen logarithmierten Wert $L = \ln(S)$ entsprechend (3.20) transformiert die ursprüngliche Differentialgleichung zu einer mit konstante Koeffizienten, (3.21) betrifft den Term rV auf der rechten Seite von (3.7) und resultiert in einer Bewertungsgleichung, die statt des Optionswertes V nur noch dessen Ableitungen beinhaltet. Da in (6.6) der Koeffizient vor $\partial V / \partial J$ nicht J sondern S lautet, ist eine Transformation hin zu konstanten Koeffizienten hier nicht möglich. Bei Average Optionen muß deshalb immer mit von S abhängigen Koeffizienten gearbeitet werden. Das Vermeiden von V in der Optionsbewertungsdifferentialgleichung ist demgegenüber zwar möglich, da es jedoch für die beiden Varianten Strike und Rate unterschiedlich erreicht wird, soll es erst später erläutert werden.

6.3.2 Average Strike Optionen

6.3.2.1 Algorithmus

In der Optionsbewertungsdifferentialgleichung (6.6) sind Ableitungen nach den drei Variablen S, J und t enthalten. Grundsätzlich wird deswegen ein Gitter mit drei Dimensionen benötigt. Ingersoll (1987) hat aber für Average Strike Optionen erkannt, daß deren innerer Wert linear homogen in S und J ist.[9] Für Average Strike Kaufoptionen beträgt der innere Wert zu jedem Zeitpunkt t

$$\left[S(t) - J(t)/t\right]^+ = S(t) \times \left[1 - \frac{J(t)}{S(t)}\Big/t\right]^+$$

und für Average Strike Verkaufoptionen

$$\left[J(t)/t - S(t)\right]^+ = S(t) \times \left[\frac{J(t)}{S(t)}\Big/t - 1\right]^+ .$$

---

[9] Vgl. Ingersoll (1987), S. 376 ff.

Es genügt deshalb, statt der Funktion $V(S, J, t)$ mit drei Variablen die einfachere Funktion zweier Variablen

(6.7)
$$W(R, t) = \frac{1}{S} e^{-qt} V(S, J, t)$$

mit

(6.8)
$$R(t) = J(t)/S(t)$$

zu untersuchen.[10] Für eine Kaufoption nimmt die neue Funktion W den inneren Wert

(6.9)
$$W(R, T) = e^{-qT} \left[1 - R/T\right]^+$$

an, für Verkaufoptionen müssen Minuend und Subtrahend vertauscht werden. Der in (6.7) enthaltene Faktor e^{-qt} soll die resultierende Differentialgleichung für W ähnlich wie die Transformation (3.21) bei Standard Optionen so beeinflussen, daß darin nur noch Ableitungen von W und nicht mehr W selbst vorkommt. Aus dem Ergebnis $W(R, t)$ dieser Berechnung kann anschließend durch Skalierung mit dem aktuellen Wert von Se^{qt} der gesuchte Optionswert bestimmt werden.

Um (6.6) in eine Differentialgleichung für $W(R, t)$ zu transformieren, müssen die in ihr auftretenden Ableitungen von V nach t, J, und S entsprechend den Gleichungen (6.7) und (6.8) in Ableitungen von W nach t und R umgeformt werden. Dafür werden die Gleichungen

(6.10)
$$\frac{\partial V}{\partial t} = e^{qt} S \left(qW + \frac{\partial W}{\partial t} \right)$$

(6.11)
$$\frac{\partial V}{\partial J} = e^{qt} S \frac{\partial W}{\partial R}$$

(6.12)
$$\frac{\partial V}{\partial R} = e^{qt} \left(W - R \frac{\partial W}{\partial R} \right)$$

(6.13)
$$\frac{\partial^2 V}{\partial R^2} = e^{qt} \frac{R^2}{S} \frac{\partial^2 W}{\partial R^2}$$

---

[10] Auch der Wert von Lookback Strike Optionen ist linear homogen in S und J, so daß auch bei diesen Optionen statt mit S und J mit dem Quotienten R gearbeitet werden kann. Wie in Kapitel 5 gezeigt wurde, ist es aber bei

in (6.6) eingesetzt, so daß die neue Optionsbewertungsdifferentialgleichung

$$(6.14) \qquad \frac{\partial W}{\partial t} + \left(1 - (r - q)R\right)\frac{\partial W}{\partial R} + \frac{1}{2}\sigma^2 R^2 \frac{\partial^2 W}{\partial R^2} = 0$$

resultiert. Diese besitzt wie angestrebt nur Ableitungen nach den zwei Variablen R und t und zudem auch nur Ableitungen von W und nicht W selbst. Weiterhin sind die Koeffizienten vor den Ableitungen aber nicht konstant sondern abhängig von R.[11]

Mit der neuen Bewertungsvariable R muß für die Anwendung der Methode Finiter Differenzen auch ein neues Bewertungsgitter genutzt werden. Während die eine Gitterdimension dabei weiterhin die durch die Zeitpunkte $t = 0$ und $t = T$ eingeschränkte Laufzeit ist, berücksichtigt die zweite Dimension jetzt R statt L. Dafür müssen zuerst zwei Werte von R bestimmt werden, bei deren Erreichen Aussagen über W gemacht werden können. R erfüllt wegen (6.8) und (6.1) die Ungleichung $R \geq 0$. Als kleinster untersuchter Wert von R wird deswegen $R_{min} = 0$ gewählt. Der größte untersuchte Wert R_{max} muß so groß gewählt werden, daß davon ausgegangen werden kann, daß die Option nach Erreichen dieses Wertes für die gesamte restliche Laufzeit bei Kaufoptionen aus dem Geld und bei Verkaufoptionen im Geld bleibt. In dieser Arbeit wird deshalb in der Regel mit Werten von R_{max} gearbeitet, die dem eineinhalbfachen von T entsprechen. Mit diesen beiden Werten von R kann die neue Gittergröße $\Delta R = R_{max} / M$ definiert werden. Zusammen mit Δt beschreibt sie das bei Average Strike Optionen verwandte Gitter. $W_{m,n}$ steht darin für den Wert von W bei $R = m\Delta R$ und $t = n\Delta t$.

Bevor der Crank-Nicolson Algorithmus für Average Strike Optionen an die veränderte Optionsbewertungsdifferentialgleichung angepaßt wird, sollen die Randwertbedingungen beschrieben werden. Tabelle 6.1 gibt Informationen über den Wert von W bei Erreichen der beiden Extremwerte R_{min} und R_{max} sowie bei Fälligkeit der Option. Wegen der Reduktion des Problems von drei auf lediglich zwei Variable basiert dabei anders als bei den zuvor behandelten Optionen bereits die erste Beschreibung der Randwertbedingungen nicht mehr auf V sondern bereits auf dem modifizierten Wert W.

Lookback Strikes auch immer ohne diese Variablentransformation möglich, mit einem lediglich zweidimensionalen Gitter zu arbeiten.

[11] Der Quotient R kann nicht logarithmiert werden, da der Koeffizient der ersten Ableitung von W nach R kein Vielfaches von R ist.

	$R_{\min}$	$R_{\max}$	Fälligkeit
Europäische Kaufoption	$\dfrac{\partial W}{\partial R} + \dfrac{\partial W}{\partial t} = 0$	0	$e^{-qT}\left[1 - R/T\right]^+$
Amerikanische Kaufoption	e^{-qt}	0	$e^{-qT}\left[1 - R/T\right]^+$
Europäische Verkaufoption	$\dfrac{\partial W}{\partial R} + \dfrac{\partial W}{\partial t} = 0$	$\dfrac{\partial W}{\partial R} = e^{-(qt+r(T-t))}\big/T$	$e^{-qT}\left[R/T - 1\right]^+$
Amerikanische Verkaufoption	$\dfrac{\partial W}{\partial R} + \dfrac{\partial W}{\partial t} = 0$	$e^{-qt}\left(R/t - 1\right)$	$e^{-qT}\left[R/T - 1\right]^+$

Tabelle 6.1: Randwertbedingungen von Average Strike Optionen

Die Randwertbedingung für $R_{\min}$ ist aufwendiger als die äquivalente Randbedingung von Standard Optionen, da selbst für $R = 0$ keine Aussagen über die zukünftige Entwicklung von R gemacht werden können. Anders als die Variablen S oder L, die nach Erreichen eines niedrig genug gewählten Wertes während der restlichen Laufzeit der Option mit hoher Wahrscheinlichkeit immer unterhalb des Ausübungspreises verbleiben werden, kann der Quotient R von Null aus beliebig wachsen. Es ist deshalb an dieser Stelle nicht möglich, Aussagen der Art „die Option verbleibt die gesamte restliche Laufzeit im bzw. aus dem Geld" zu treffen. Eine einfache Randwertbedingung ist in dieser Situation nur für amerikanische Kaufoptionen möglich, deren innerer Wert für $R = 0$ das mögliche Maximum annimmt und die deshalb unverzüglich ausgeübt werden.

Wilmott, Dewynne, Howison (1993) ist es gelungen, auch für die übrigen in Tabelle 6.1 behandelten Optionen Randbedingungen herzuleiten.[12] Ausgehend von der Tatsache, daß der Optionswert an der Stelle $R = 0$ für alle Optionen endlich sein muß, haben Sie gezeigt, daß in der Optionsbewertungsdifferentialgleichung die beiden Ausdrücke $(r - q)R\dfrac{\partial W}{\partial R}$ und $\dfrac{1}{2}\sigma^2 R^2 \dfrac{\partial^2 W}{\partial R^2}$ im Vergleich zu den beiden restlichen Termen nicht ins Gewicht fallen. Statt (6.14) kann deshalb an der Stelle $R_{\min}$ bei allen Optionen, die nicht vorzeitig ausgeübt werden, die einfachere und in Tabelle 6.1 eingetragene Differentialgleichung

---

[12] Vgl. Wilmott, Dewynne, Howison (1993), S. 183.

$$\frac{\partial W}{\partial R} + \frac{\partial W}{\partial t} = 0$$

betrachtet werden.

Bei der zweiten Spalte von Tabelle 6.1 kann wieder die übliche Argumentation angewandt werden. Für $R = R_{max}$ sind Kaufoptionen so deutlich aus dem Geld und Verkaufoptionen so deutlich im Geld, daß sich die jeweilige Situation in der verbleibenden Laufzeit mit hoher Wahrscheinlichkeit nicht mehr ändern wird. Während Kaufoptionen deshalb einheitlich wertlos verfallen und den aktuellen Wert Null annehmen, muß bei Verkaufoptionen zwischen europäischer und amerikanischer Variante unterschieden werden. Amerikanische Verkaufoptionen haben einen deutlich positiven inneren Wert, der wegen $J(t)/t < S(t)$ innerhalb der nächsten kurzen Zeitspanne mit hoher Wahrscheinlichkeit sinken wird. Es ist deshalb sinnvoll, sie sofort auszuüben. Europäische Optionen, die nicht vorzeitig ausgeübt werden können, müssen auch in dieser Situation bis zum Ende der Laufzeit gehalten werden. Um dennoch die Randbedingung einer europäischen Average Strike Verkaufoption zu bestimmen, wird deren Optionswert zum Zeitpunkt t und beim Aktienkurs $S(t)$ für zwei unterschiedliche Kursverläufe in der Vergangenheit $J_1(t)$ und $J_2(t)$ mit $J_1(t) < J_2(t)$ untersucht.

Aus Gleichung (6.1) folgt, daß J_1 und J_2 bei Fälligkeit die Gleichung

$$J_2(T) = J_1(T) + \left(J_2(t) - J_1(t) \right)$$

erfüllen. Weil der Optionswert an der Stelle R_{max} untersucht wird, kann zusätzlich angenommen werden, daß die Option sowohl für die Vergangenheit J_1 als auch J_2 im Geld enden wird. Es gilt also die Gleichung

$$\frac{J_2(T)}{T} > \frac{J_1(T)}{T} > S(T)$$

aus der zusammen mit der vorherigen Gleichung der für den Optionswert bei Fälligkeit gültige Zusammenhang

$$V(S, J_2, T) = V(S, J_1, T) + \frac{J_2(t) - J_1(t)}{T}$$

folgt. Bei der Betrachtung des aktuellen Zeitpunktes t statt der Fälligkeit T resultiert hieraus die Gleichung

$$V(S,J_2,t) = V(S,J_1,t) + e^{-r(T-t)} \frac{J_2(t) - J_1(t)}{T}.$$

Wenn R_1 und R_2 die mit J_1 und J_2 gebildeten Quotienten gemäß (6.8) darstellen, so folgt für die statt V untersuchte Funktion W die Gleichung

$$\frac{W(R_2,t) - W(R_1,t)}{R_2 - R_1} = \frac{e^{-(qt+r(T-t))}}{T}$$

aus der als Grenzwert für R_2 gegen R_1 an der Stelle R_{max} die in Tabelle 6.1 eingetragene Differentialgleichung

$$\frac{\partial W}{\partial R} = \frac{e^{-(qt+r(T-t))}}{T}$$

hergeleitet werden kann.

Die letzte Spalte aus Tabelle 6.1 betrifft den Wert von W bei Fälligkeit der Option. Die Eintragungen folgen direkt aus dem inneren Wert der Optionen und sind deshalb für amerikanische und europäische Optionen identisch.

Die Zellen aus Tabelle 6.1 enthalten entweder Werte von W oder von dessen Ableitungen. Im Unterschied zu den entsprechenden Tabellen 5.2 und 5.5 von Lookback Optionen ist jedoch in keinem Fall ein Zusammenhang zwischen dem Wert von W und einer seiner Ableitung gegeben. Bei Average Optionen kann deshalb nicht nur bei der Diskretisierung der Optionsbewertungsdifferentialgleichung sondern auch bei der Anpassung der Randbedingungen an das Gitter der Methode Finiter Differenzen immer der Punkt $(m, n + \theta)$ betrachtet werden. Da die Ableitung $\partial W/\partial R$ in allen Fällen an einem Gitterrand gemessen wird, und da deshalb zu ihrer Diskretisierung Optionswerte nur an einer Seite des Punktes $(m, n + \theta)$ zur Verfügung stehen, kann dafür aber nicht der Differenzenquotient aus (3.64) gewählt werden. Im folgenden wird deshalb die Transformation der Randbedingung $\partial W/\partial R + \partial W/\partial a = 0$ im Punkt $(0, n + \theta)$ detailliert betrachtet.

Wenn $\partial W / \partial R$ im Punkt $(0, n + \theta)$ mit einem Fehlerterm der Ordnung $\Delta R^2 + \Delta t^2$ diskretisiert werden soll, so muß die Gleichung

$$\frac{\partial W}{\partial R} = (1 - \theta)\frac{-3W_{n,0} + 4W_{n,1} - W_{n,2}}{2\Delta R} + \theta\frac{-3W_{n+1,0} + 4W_{n+1,1} - W_{n+1,2}}{2\Delta R}$$

mit $\theta = \frac{1}{2}$ verwandt werden. Sie entspricht dem mit θ gewichteten Mittel der Differenzenquotienten in den beiden Punkten $(0, n)$ und $(0, n + 1)$ entsprechend Gleichung (5.11). Die Ableitung nach der Zeit kann weiterhin durch den Differenzenquotienten

$$\frac{\partial W}{\partial t} = \frac{W_{n+1,0} - W_{n,0}}{\Delta t}$$

aus Gleichung (3.31) approximiert werden. Wenn die Summe dieser beiden Differenzenquotienten mit Null gleichgesetzt und anschließend nach $W_{0,n}$ aufgelöst wird, so erhält man bei Erreichen von R_{min} den Wert

$$W_{0,n} = \frac{4(1 - \theta)\Delta t W_{1,n} - (1 - \theta)\Delta t W_{2,n} + (2\Delta R - 3\theta\Delta t)W_{0,n+1} + 4\theta\Delta t W_{1,n+1} - \theta\Delta t W_{2,n+1}}{2\Delta R + 3(1 - \theta)\Delta t}.$$

$W_{0,n}$ kann also als Linearkombination fünf benachbarter Werte berechnet werden. Auf ähnliche Art und Weise wird auch der Wert einer europäischen Average Strike Verkaufoption am oberen Gitterrand aus der Bedingung $\partial W / \partial R = e^{-(qt + r(T - t))}/T$ als

$$W_{M,n} = \frac{4W_{M-1,n} - W_{M-2,n}}{3} + \frac{\theta(-3W_{M,n+1} + 4W_{M-1,n+1} - W_{M-2,n+1})}{3(1 - \theta)} + \frac{2\Delta R}{3(1 - \theta)T}e^{-(qn + r(N - n))\Delta t}$$

bestimmt. Alle übrigen Werte von $W_{0,n}$ und $W_{M,n}$ sowie die Werte von $W_{m,N}$ können aus Tabelle 6.1 durch Ersetzen von R durch $m\Delta R$ und t durch $n\Delta t$ hergeleitet werden.

Nach Bestimmung der Optionswerte an drei der vier Gitterränder ist es notwendig, den Algorithmus der Methode Finiter Differenzen an die gegenüber Standard Optionen veränderte Bewertungsdifferentialgleichung anzupassen. Dafür werden in (6.14) die Ableitung nach t durch den Differenzenquotienten aus (3.31) sowie die beiden Ableitungen nach R durch die Differenzenquotienten aus (3.64) und (3.65) ersetzt.[13] Unter Berücksichtigung der für die Gitter-ränder hergeleiteten Werte von $W_{0,n}$ und $W_{M,n}$ erhält man die zu (5.14) äquivalente Gleichung

$$(6.15) \qquad M_I \times W_n^- = M_E \times W_{n+1}^+ + (1-\theta)(W_{n+1}^- - \omega_n)$$

mit der veränderten Matrizen

$$(6.16) \qquad M_I = \begin{bmatrix} b'_{I,1} & c'_{I,1} & 0 & \cdot & \cdot & \cdot & 0 \\ a_{I,2} & b_{I,2} & c_{I,2} & & & & \cdot \\ 0 & \cdot & \cdot & \cdot & & & \cdot \\ \cdot & & \cdot & \cdot & \cdot & & \cdot \\ \cdot & & & \cdot & \cdot & \cdot & 0 \\ \cdot & & & & a_{I,M-2} & b_{I,M-2} & c_{I,M-2} \\ 0 & \cdot & \cdot & \cdot & 0 & a''_{I,M-1} & b''_{I,M-1} \end{bmatrix}$$

$$(6.17) \qquad M_E = \begin{bmatrix} a_{E,1} & b_{E,1} & c_{E,1} & 0 & \cdot & \cdot & \cdot & \cdot & 0 \\ 0 & a_{E,2} & b_{E,2} & c_{E,2} & & & & & \cdot \\ \cdot & & \cdot & \cdot & \cdot & & & & \cdot \\ \cdot & & & \cdot & \cdot & \cdot & & & \cdot \\ \cdot & & & & \cdot & \cdot & \cdot & & \cdot \\ \cdot & & & & & a_{E,M-2} & b_{E,M-2} & c_{E,M-2} & 0 \\ 0 & \cdot & \cdot & \cdot & \cdot & 0 & a_{E,M-1} & b_{E,M-1} & c_{E,M-1} \end{bmatrix}$$

und mit den für $1 \le m \le M - 1$ zugehörigen Matrixelementen

$$(6.18) \qquad a_{I,m} = \frac{(1-\theta)\Delta t}{2}\left(-\sigma^2 m^2 - (r-q)m + 1/\Delta R\right)$$

$$(6.19) \qquad b_{I,m} = 1 + (1-\theta)\sigma^2 m^2 \Delta t$$

$$(6.20) \qquad c_{I,m} = \frac{(1-\theta)\Delta t}{2}\left(-\sigma^2 m^2 + (r-q)m - 1/\Delta R\right)$$

$$(6.21) \qquad a_{E,m} = \frac{\theta \Delta t}{2}\left(\sigma^2 m^2 + (r-q)m - 1/\Delta R\right)$$

$$(6.22) \qquad b_{E,m} = 1 - \theta \sigma^2 m^2 \Delta t$$

$$(6.23) \qquad c_{E,m} = \frac{\theta \Delta t}{2}\left(\sigma^2 m^2 - (r-q)m + 1/\Delta R\right).$$

---

[13] In (3.64) und (3.65) muß dabei ΔL durch ΔR ausgetauscht werden.

Wie bei den bislang verwandten Matrizen addieren sich die Elemente einer Zeile zu eins auf. Anders als bisher sind aber die Elemente einer Diagonalen nicht mehr konstant. Die Variablen W_n^-, W_{n+1}^+ und ω_n sind wie in Kapitel 3 definiert, die noch verbleibenden Parameter $b'_{l,1}$, $c'_{l,1}$, ω' und $a''_{l,N-1}$, $b''_{l,N-1}$, ω'' folgen aus den Randbedingungen und sind abhängig von der jeweiligen Optionsart in Tabelle 6.2 erläutert.

Durch die Gleichungen (6.16) bis (6.23) und Tabelle 6.2 wird das Gleichungssystem (5.9) für europäische Average Strike Optionen vollständig definiert. Beginnend mit dem Zeitpunkt $N-1$ läßt sich W und damit auch der Optionswert V rekursiv zu allen vorherigen Zeitpunkten bestimmen. Auf die tridiagonale Matrix M_I kann dabei wieder die aus Kapitel 3 bekannte Matrixdekomposition angewandt werden.[14] Bei amerikanischen Average Strike Optionen muß zu jedem Zeitpunkt noch die Ausübungsbedingung kontrolliert werden. Für Kaufoptionen lautet sie

$$(6.24) \qquad W_{m,n} \geq e^{-qn\Delta t}\left[1-(m\Delta R)/(n\Delta t)\right]^+ .$$

Bei Verkaufoptionen vertauscht sich nur die Reihenfolge von 1 und $(m\Delta R)/(n\Delta t)$ in der eckigen Klammer.

---

[14] An dieser Stelle rechtfertigt sich der zusätzlich Aufwand aus Kapitel 3, als die Matrixdekomposition für tridiagonale Matrizen mit nicht konstanten Diagonalen durchgeführt wurde.

	$b'_{l,1}$	$c'_{l,1}$	ω'
Europäische Kaufoption	$b_{l,1}$	$c_{l,1}$	$e^{-q_n\Delta s}$
Amerikanische Kaufoption	$b_{l,1} + \dfrac{4(1-\theta)\Delta t}{3(1-\theta)\Delta t + 2(1-\theta)R}$	$c_{l,1} - \dfrac{(1-\theta)\Delta t}{3(1-\theta)\Delta t + 2(1-\theta)R}$	$\dfrac{(2\Delta R - 3\theta\Delta t)W_{0,n+1} + 4\theta\Delta t W_{1,n+1} - \theta\Delta t W_{2,n+1}}{2\Delta R + 3(1-\theta)\Delta t}$
Europäische Verkaufoption	$b_{l,1} + \dfrac{4(1-\theta)\Delta t}{3(1-\theta)\Delta t + 2(1-\theta)R}$	$c_{l,1} - \dfrac{(1-\theta)\Delta t}{3(1-\theta)\Delta t + 2(1-\theta)R}$	$\dfrac{(2\Delta R - 3\theta\Delta t)W_{0,n+1} + 4\theta\Delta t W_{1,n+1} - \theta\Delta t W_{2,n+1}}{2\Delta R + 3(1-\theta)\Delta t}$
Amerikanische Verkaufoption	$b_{l,1} + \dfrac{4(1-\theta)\Delta t}{3(1-\theta)\Delta t + 2(1-\theta)R}$	$c_{l,1} - \dfrac{(1-\theta)\Delta t}{3(1-\theta)\Delta t + 2(1-\theta)R}$	$\dfrac{(2\Delta R - 3\theta\Delta t)W_{0,n+1} + 4\theta\Delta t W_{1,n+1} - \theta\Delta t W_{2,n+1}}{2\Delta R + 3(1-\theta)\Delta t}$

	$a''_{l,M-1}$	$b''_{l,M-1}$	ω''
Europäische Kaufoption	$a_{l,M-1}$	$b_{l,M-1}$	0
Amerikanische Kaufoption	$a_{l,M-1}$	$b_{l,M-1}$	0
Europäische Verkaufoption	$a_{l,M-1} - \dfrac{c_{l,M-1}}{3}$	$b_{l,M-1} + \dfrac{4c_{l,M-1}}{3}$	$\dfrac{\theta(-3W_{M,n+1} + 4W_{M-1,n+1} - W_{M-2,n+1})}{3(1-\theta)} + \dfrac{2\Delta R}{3\theta T}e^{-(q_m + r(N-n))\Delta s}$
Amerikanische Verkaufoption	$a_{l,M-1}$	$b_{l,M-1}$	$e^{-q_n\Delta s}\left(R_{\max}/(n\Delta t) - 1\right)$

Tabelle 6.2: Matrixelemente von Average Strike Optionen

Abbildung 6.2 gibt das Ergebnis solch einer Berechnung für die bereits mittels Monte Carlo Methode bewertete europäische Average Strike Verkaufoption bei der Crank-Nicolson Parameterwahl $\theta = \frac{1}{2}$. Wegen des aktuellen Zeitpunktes $t = \frac{1}{2}$ und der Restlaufzeit $(T - t) = \frac{1}{2}$ sind dabei Optionswerte für die Monate 6 bis 12 eingetragen. Anders als bei den bislang betrachteten Bewertungsgittern sind hier die Optionswerte nicht mehr abhängig vom Kurs des Basiswertes sondern von dessen Funktion R. Da R keinen logarithmierten Wert darstellt, sind die Abstände zwischen den einzelnen Ausprägungen konstant. Um den gesuchten Optionswert aus der Tabelle herauszulesen, muß zuerst der Quotient R bestimmt werden. Die betrachtete Option hat zum Bewertungszeitpunkt eine Vergangenheit von $J = 50$ und einen aktuellen Kurs von $S = 100$, der Quotient R beträgt also $\frac{1}{2}$. Aus Abbildung 6.2 folgt damit ein Optionswert von 4,88, der wegen des groben Gitters noch fast 40 Standardabweichungen über dem Monte Carlo Ergebnis von 4,33 liegt.

Quotient	Optionswert zum Ende von						
$R = J/S$	Monat 6	Monat 7	Monat 8	Monat 9	Monat 10	Monat 11	Monat 12
1,500	93,33	86,34	79,26	72,08	64,81	57,45	50,00
1,375	81,44	74,34	67,16	59,89	52,52	45,06	37,50
1,250	69,53	62,34	55,06	47,68	40,22	32,65	25,00
1,125	57,73	50,49	43,15	35,68	28,07	20,31	12,50
1,000	45,82	38,23	30,40	22,39	14,36	6,70	0,00
0,875	33,15	25,28	17,64	10,69	5,03	1,31	0,00
0,750	20,73	13,89	8,17	3,94	1,36	0,24	0,00
0,625	10,92	6,30	3,09	1,20	0,32	0,04	0,00
0,500	4,88	2,42	1,00	0,32	0,07	0,01	0,00
0,375	1,88	0,81	0,28	0,08	0,01	0,00	0,00
0,250	0,64	0,24	0,07	0,02	0,00	0,00	0,00
0,125	0,21	0,07	0,02	0,00	0,00	0,00	0,00
0,000	0,03	0,00	0,00	0,00	0,00	0,00	0,00

Abbildung 6.2: Crank-Nicolson Gitter einer europäischen Average Strike Verkaufoption

6.3.2.2 Approximationsverhalten

Wie bei allen zuvor behandelten Optionen soll auch bei Average Strike Optionen untersucht werden, wie sich das Approximationsverhalten der Crank-Nicolson Lösung durch Anwendung der Richardson Extrapolation verbessern läßt. Wie bei Standard und Barrier Optionen und anders als bei Lookback Optionen wird auch bei Average Strikes jede auftretende Ableitung in einem Punkt $(m, n + \theta)$ diskretisiert. Für die Richardson Extrapolation kann deshalb statt des Polynoms (5.21) wieder das einfachere Polynom (3.70) genutzt werden. Um den dabei notwendigen Wert von Q zu bestimmen, sind in Abbildung 6.3 die Crank-Nicolson Ergebnisse der bekannten europäischen Average Strike Verkaufoption für verschiedene Gitterverfeinerungen $100/M^2 = 100/N^2$ als Punkte eingezeichnet. Die beiden in der Abbildung ebenfalls eingezeichneten parallelen Geraden grenzen das 95%-Konfidenzintervall ein.

Bei Analyse der Berechnungsergebnisse erkennt man, daß ab einer gewissen Verfeinerung alle Crank-Nicolson Berechnungsergebnisse innerhalb des 95%-Konfidenzintervalls liegen. Im Gegensatz zu den Untersuchungen von Hull, White (1993) zur analytischen Approximation von Turnbull, Wakeman widerspricht dieses Ergebnis also nicht der Hypothese, daß die Crank-Nicolson Ergebnisse den analytischen Wert approximieren. Anders als bei allen bislang untersuchten Optionen liegen die Berechnungsergebnisse hier jedoch nicht auf einer Geraden, eine Richardson Extrapolation mit $Q = 2$ würde deshalb zumindest für die ersten untersuchten Verfeinerungen zu sehr schlechten Ergebnissen führen. Ein möglicher Grund für dieses Verhalten könnte darin liegen, daß hier erstmalig mit dem Aktienkurs S und nicht dessen logarithmierten Wert L, der die lognormale Verteilung des Aktienkurses besser berücksichtigt, gearbeitet wird. In Abbildung 6.3 ist deshalb zusätzlich die Regression für $Q = 4$ eingezeichnet. Mit 99,97% besitzt sie als erste Regression einen Regressionskoeffizienten, der über 99,9% liegt.[15] Ihr Schnittpunkt mit der y-Achse liegt bei 4,335 und entspricht damit dem Schnittpunkt aller ebenfalls durchgeführten aber hier nicht eingezeichneten Regressionen bis $Q = 7$. Weil geschlossenen Lösungen der Option nicht bekannt sind und weil die Monte Carlo Methode lediglich ein Konfidenzintervall liefert, soll dieser Schnittpunkt mit der y-Achse als Vergleichswert für das Ergebnis der Richardson Extrapolation genutzt werden.

---

[15] Für $Q = 2$ beträgt der Regressionskoeffizient lediglich 49,7% und auch für $Q = 3$ erst 97,07%.

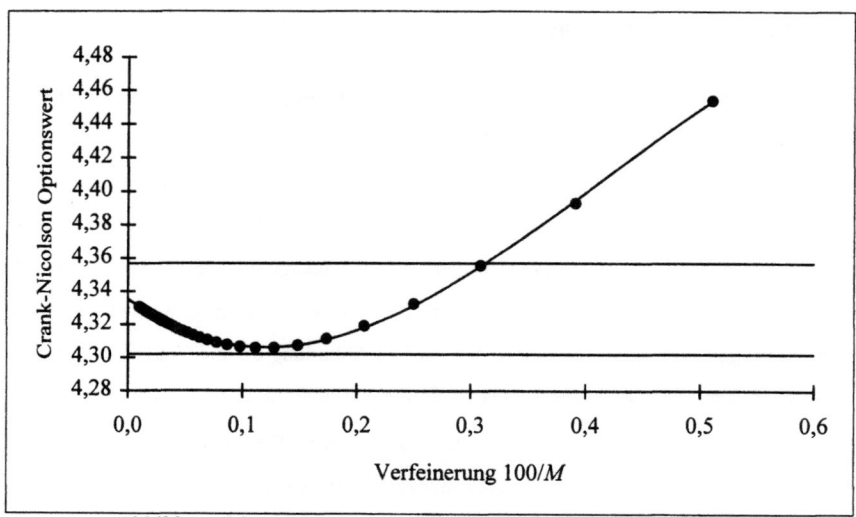

Abbildung 6.3: Approximationsverhalten der Crank-Nicolson Lösung

Wenn $F(1)$, $F(x)$, $F(y)$ und $F(z)$ die Crank-Nicolson Ergebnisse bei den Gitterverfeinerungen (M, N), (xM, xN), (yM, yN) und (zM, zN) bezeichnen, so hat die zugehörige Richardson Extrapolation des Grenzwertes $F(\infty)$ die Gleichung[16]

$$(6.25) \qquad F(\infty) = \det \begin{bmatrix} F(1) & 1 & 1 & 1 \\ F(x) & 1/x^2 & 1/x^3 & 1/x^4 \\ F(y) & 1/y^2 & 1/y^3 & 1/y^4 \\ F(z) & 1/z^2 & 1/z^3 & 1/z^4 \end{bmatrix} \bigg/ \det \begin{bmatrix} 1 & 1 & 1 & 1 \\ 1 & 1/x^2 & 1/x^3 & 1/x^4 \\ 1 & 1/y^2 & 1/y^3 & 1/y^4 \\ 1 & 1/z^2 & 1/z^3 & 1/z^4 \end{bmatrix}.$$

Die Güte dieser Extrapolationsgleichung soll wieder an einem Beispiel untersucht werden. Für die Verfeinerungen $M = N = 26$, $x = 34/26$, $y = 42/26$ und $z = 50/26$ folgen die Crank-Nicolson Ergebnisse $F(1) = 4,308$, $F(x) = 4,308$, $F(y) = 4,314$ und $F(z) = 4,319$ bei einem Vergleichswert von 4,335. Der mittels Richardson Extrapolation bestimmte Grenzwert dieser vier Punkte liegt demgegenüber bei $F(\infty) = 4,336$ und damit nur 0,001 oberhalb des Vergleichswertes. Für dieses Ergebnis müssen mit insgesamt $27^2 + 35^2 + 43^2 + 51^2 = 6.096$

---

[16] Eine zu (3.70), (3.71) oder (5.20) äquivalente Extrapolationsgleichung, die explizite Formeln für die Matrixdeterminanten enthält, wird hier nicht mehr gegeben. Wegen der Größe der Matrix wäre die Formel vergleichsweise komplex. Zudem beinhalten selbst einfache Spreadsheet Programme wie Excel eine Funktion zur Berechnung von Matrixdeterminanten.

nicht nur weniger Optionswerte als bei dem nicht extrapolierten Crank-Nicolson Ergebnis für $M = N = 80$ bestimmt werden, der nicht extrapolierte Wert von 4,328 approximiert den Vergleichswert auch schlechter. Auch wenn zur Richardson Extrapolation entsprechend (6.25) für Average Strike Optionen insgesamt vier Crank-Nicolson Ergebnisse benötigt werden, ist es deshalb sinnvoll, die Genauigkeit der Crank-Nicolson Methode durch Richardson Extrapolation zu erhöhen. Wegen der hier vergleichsweise niedrigen Fehlerordnung fällt die Steigerung der Genauigkeit bei diesen Optionen aber nicht so stark aus, wie bei den im letzten Kapitel behandelten Lookback Optionen.

6.3.3 Average Rate Optionen

6.3.3.1 Algorithmus

Bei Average Strike Optionen ist der innere Wert linear homogen in S und J und dadurch ist es möglich, die Optionsbewertungsdifferentialgleichung (6.6) zu einer Differentialgleichung lediglich zweier Variablen zu transformieren. Wegen des zusätzlichen auftretenden Ausübungspreises in der Auszahlungsfunktion von Average Rate Optionen ist die gleiche Transformation in diesem Abschnitt nicht möglich. Es muß deshalb immer mit einer Differentialgleichung der drei Variablen S, J und t und demzufolge bei der Anwendung der Methode Finiter Differenzen mit einem dreidimensionalen Gitter gearbeitet werden. Die einzig sinnvolle Umformung von (6.6) betrifft den Term rV auf der rechten Seite, der für die Anwendung der Crank-Nicolson Methode verschwinden soll. Durch die Transformation

$$(6.26) \qquad W(S,J,t) = e^{-rt} V(S,J,t)$$

ist dies möglich. Auch hier wird also mit dem abdiskontierten Optionswert gearbeitet. Die resultierende Optionsbewertungsdifferentialgleichung für W hat wie (6.14) keine konstanten Koeffizienten und lautet

$$(6.27) \qquad \frac{\partial W}{\partial t} + (r-q)S\frac{\partial W}{\partial S} + \frac{1}{2}\sigma^2 S^2 \frac{\partial^2 W}{\partial S^2} + S\frac{\partial W}{\partial J} = 0 \, .$$

Für die Anwendung der Methode Finiter Differenzen ist es notwendig, für die Variablen S, J

und t ein dreidimensionales Gitter zu konstruieren. Wie bei allen bereits behandelten Optionen wird dafür die Laufzeit von $t = 0$ bis $t = T$ in N Schritte der Länge $\Delta t = T/N$ unterteilt. Zusätzlich wird der Aktienkurs durch die Kurse $S_{min} = 0$ und S_{max} deutlich über dem Ausübungspreis X eingegrenzt und in M Schritte der Länge $\Delta S = S_{max}/M$ unterteilt. Wie bei Standard Optionen wird in dieser Arbeit S_{max} etwa das Doppelte von X betragen. Die letzte Gitterdimension betrifft die aufaddierten Kurse J. Da J gemäß Definition (6.1) schwach monoton steigend ist, entspricht der kleinste betrachtete Wert gerade dem aktuellen Wert, d.h. $J_{min} = J$. Der größte Wert des Gitters ist $J_{max} = TX$. Hier ist die Option als Kaufoption so weit im Geld und als Verkaufoption so weit aus dem Geld, daß sie wegen J schwach monoton steigend auch immer dort verbleiben muß. Der so eingegrenzte Bereich von J wird in P Intervalle der Länge $\Delta J = (J_{max} - J_{min})/P$ unterteilt. Das Gitter besitzt damit insgesamt $(P + 1)(M + 1)(N + 1)$ Gitterpunkte von denen $W_{p,m,n}$ für den abdiskontierten Optionswert W beim aufaddierten Kurs $J_{min} + p\Delta J$ und dem aktuellen Kurs $m\Delta S$ zum Zeitpunkt $n\Delta t$ steht.

Nach Definition des Gitters müssen die Randwertbedingungen von W bestimmt werden. Da das Gitter bei Average Rate Optionen dreidimensional ist, genügen hier nicht wie bislang üblich drei Bedingungen. Neben der Endwertbedingung für $t = T$ und den beiden Randwertbedingungen für $S = S_{min}$ und $S = S_{max}$ wird noch eine zusätzliche Randwertbedingung für $J = J_{max}$ benötigt. Mit Hilfe dieser vier der insgesamt sechs Ränder des Optionsgitter können nicht nur alle Optionswerte im Inneren des Gitters bestimmt werden, sondern auch die beiden verbleibenden Gitterränder $t = 0$ und $J = J_{min}$, auf deren Schnittgeraden der gesuchte Optionswert liegt. Tabelle 6.2 gibt die benötigten Randwerte aller Average Rate Optionen.

	S_{min}	S_{max}	J_{max}	Fälligkeit
Europäische Kaufoption	$e^{-rT}[J/T - X]^+$	$\dfrac{\partial W}{\partial S} = \dfrac{W + e^{-rT}(X - J/T)}{S}$	$\dfrac{\partial W}{\partial J} = \dfrac{e^{-rT}}{T}$	$e^{-rT}[J/T - X]^+$
Amerikanische Kaufoption	$e^{-rT}[J/T - X]^+$	$\dfrac{\partial W}{\partial S} = \dfrac{W + e^{-rT}(X - J/T)}{S}$	$J/t - X$ für $J \to \infty$	$e^{-rT}[J/T - X]^+$
Europäische Verkaufoption	$e^{-rT}[X - J/T]^+$	0	0	$e^{-rT}[X - J/T]^+$
Amerikanische Verkaufoption	$e^{-rT}[X - J/T]^+$	$e^{-rt}[X - J/t]^+$	0	$e^{-rT}[X - J/T]^+$

Tabelle 6.2: Randwertbedingungen von Average Rate Optionen

In der ersten Spalte von Tabelle 6.2 ist der Optionswert bei Erreichen des minimalen Aktienkurses $S_{min} = 0$ eingetragen. Da der Aktienkurs, sobald er einmal den Wert Null erreicht hat, immer auf diesem Niveau bleibt, bleibt auch J für die restliche Laufzeit der Option konstant. Der Wert europäischer Optionen entspricht in diesem Fall dem abdiskontierten bereits jetzt bekannten inneren Wert bei Fälligkeit. Da der innere Wert von Kaufoptionen $[J/t - X]^+$ bei konstantem J aber steigendem t mit Sicherheit fällt, werden sie in der amerikanische Variante unverzüglich ausgeübt. Bei amerikanischen Verkaufoptionen ist die Entscheidung komplizierter. Einerseits ist ihr innerer Wert $[X - J/t]^+$ mit Sicherheit steigend, andererseits steht dem aber ein Zinsverlust durch späteres Ausüben gegenüber. Es muß deshalb der Zeitpunkt bestimmt werden, bei dem erstmalig der Zinsverlust bei Abwarten die Erhöhung des inneren Wertes überwiegt. Nach Bestimmung der ersten und zweiten Ableitung nach τ des mit dem Diskontfaktor versehenen inneren Optionswertes $e^{-r\tau}[X - J/\tau]^+$ kann dieser optimale Ausübungszeitpunkt unter Berücksichtigung des für τ zulässigen Intervalls $t \le \tau \le T$ als

$$(6.28) \qquad \tau' = \max\left\{t,\ \min\left\{T,\ J/2X + \sqrt{(J/2X)^2 + J/rX}\right\}\right\}$$

bestimmt werden.

Die zweite Spalte aus Tabelle 6.2 beschreibt den Optionswert an der Stelle $S = S_{max}$. Bei Verkaufoptionen kann an dieser Stelle angenommen werden, daß der extrem hohe Aktienkurs den inneren Wert der Option konstant sinken lassen wird und spätestens bei Fälligkeit der Wert Null erreicht ist. Während europäische Optionen in dieser Situation wertlos verfallen und deshalb auch den Wert Null annehmen, wird bei amerikanischen Optionen das vorzeitige Ausübungsrecht ausgenutzt und der Optionswert entspricht deshalb dem aktuellen inneren Wert. Für Kaufoptionen ist die Herleitung der Randwertbedingung aufwendiger. Zum Zeitpunkt t und beim Aktienkurs S wird deshalb ähnlich wie bei Lookback Optionen ein Portfolio aus

- $+(S + \Delta S)/S$ europäischen Average Rate Kaufoptionen mit Vergangenheit $JS/(S + \Delta S)$ und Ausübungspreis $XS/(S + \Delta S)$,

- $-(S + \Delta S)/S$ europäischen Average Rate Kaufoptionen mit Vergangenheit J und Ausübungspreis X und

- $-e^{-r(T-t)}(X - J/T)\Delta S/S$ risikolosen Anleihen

untersucht. Die beiden im Portfolio enthaltenen Optionen unterscheiden sich neben dem Ausübungspreis auch in der Aktienkursentwicklung der Vergangenheit. Da sie sich aber auf den gleichen Basiswert beziehen, besitzen sie die gleiche zukünftige Aktienkursentwicklung. Wenn $V(S, J, X, t)$ für den Wert europäischer Average Rate Kaufoptionen bei den jeweiligen Parametern steht, so beträgt der Wert dieses Portfolios

$$\Pi = \frac{S + \Delta S}{S} V\left(S, \frac{S}{S + \Delta S}J, \frac{S}{S + \Delta S}X, t\right) - \frac{S + \Delta S}{S} V(S, J, X, t) - e^{-r(T-t)}\left(X - J/T\right)$$

oder nach Anwendung einer Erweiterung von Theorem 6 aus Merton (1973) auf Average Rate Optionen[17]

$$(6.29) \qquad \Pi = V(S + \Delta S, J, X, t) - \frac{S + \Delta S}{S} V(S, J, X, t) - e^{-r(T-t)}(X - J/T).$$

Weil das Portfolio an der Stelle S_{max} untersucht wird, kann angenommen werden, daß beide Optionen im Geld enden. Wenn $J_1 = J(t)$ für die Aktienkursentwicklung zwischen den Zeit-

---

[17] Vgl. Merton (1973), S. 147

punkten 0 und t und $J_2 = J(T) - J(t)$ für die Aktienkursentwicklung in der verbleibenden Laufzeit von t bis T steht, so gilt für die aus dem Portfolio resultierende Auszahlung deshalb die Gleichung

$$\frac{S+\Delta S}{S}\left(\left(\frac{S}{S+\Delta S}J_1 + J_2\right)\Big/T - \frac{S}{S+\Delta S}X\right) - \frac{S+\Delta S}{S}\left((J_1 + J_2)/T - X\right) - \frac{\Delta S}{S}(X - J_1/T) = 0.$$

Die aus dem Portfolio resultierende Zahlung ist also für jeden möglichen Aktienkursverlauf gerade Null, so daß auch der Wert des Portfolios zu jedem Zeitpunkt t gerade Null betragen muß. Aus Gleichung (6.29) resultiert damit an der Stelle $S = S_{max}$ bei Betrachtung der abdiskontierten Werte von W die neue Gleichung

$$(6.30) \qquad W(S+\Delta S, J, X, t) = \frac{(S+\Delta S)}{S} W(S, J, X, t) + \frac{\Delta S}{S} e^{-rT}(X - J/T)$$

aus der als Grenzwert für ΔS gegen Null die in Tabelle 6.2 eingetragene Differentialgleichung folgt.[18] Diese Differentialgleichung beinhaltet zwar einen Zusammenhang zwischen einer Ableitung von W und dessen konkretem Wert, dies führt jedoch nicht zu den gleichen Problemen wie bei Lookback Optionen. Während dort nämlich erst die Differentialgleichung korrekt ist, gilt hier bereits die Gleichung (6.30) ohne Fehlerterm.

Die Randwertbedingungen in der dritten Spalte von Tabelle 6.2 betreffen den Optionswert an der Stelle $J = J_{max}$. Verkaufoptionen sind an dieser Stelle so weit aus dem Geld, daß sie nicht mehr ins Geld gelangen können. Sie verfallen deshalb wertlos. Um die Randwertbedingung europäischer Average Rate Kaufoptionen herzuleiten, wird untersucht, wie sich zwei ansonsten identische Optionen mit unterschiedlicher Vergangenheit J verhalten. Da wegen der Betrachtung an der Stelle $J = J_{max}$ beide Optionen bei Fälligkeit ausgeübt werden, gilt für sie zum Zeitpunkt t die Gleichung

$$(6.31) \qquad V(S, J+\Delta J, X, t) = V(S, J, X, t) + e^{-r(T-t)}\Delta J/T$$

---

[18] Die Differentialgleichung gilt streng genommen nur für europäische Average Rate Kaufoptionen. Bei europäischen Average Rate Kaufoptionen ist die gleiche Argumentation nicht möglich, da der Ausübungszeitpunkt der verkauften Option nicht bekannt ist. Wie in Abschnitt 5.3.3.1 über Lookback Rate Optionen kann jedoch auch hier gezeigt werden, daß die Ableitung in einem Intervall liegt, daß den eingetragenen Wert beinhaltet. Der Fehler, der aus dieser ungenauen Bestimmung der Ableitung für den gesuchten Optionswert folgt, ist vernachlässigbar gering.

aus der nach Transformation (6.26) und als Grenzwert für ΔJ gegen Null die in Tabelle 6.2 eingetragene Differentialgleichung folgt. Für die verbleibende amerikanische Verkaufoption kann zum üblichen Wert von J_{max} keine Aussage getroffen werden. In Tabelle 6.2 ist deswegen ein Wert für J deutlich größer als TX eingetragen, bei dem die Option ähnlich wie eine Standard Kaufoption an der Stelle S gegen unendlich ausgeübt wird. Die noch verbleibenden Eintragungen in Tabelle 6.2 betreffen den Optionswert bei Fälligkeit und resultieren direkt aus der Auszahlungsfunktion der betreffenden Option.

Für die Anwendung in der Methode Finiter Differenzen müssen die Randwertbedingungen aus Tabelle 6.2 in Formeln für $W_{p,0,n}$, $W_{p,M,n}$, $W_{P,m,n}$ und $W_{p,m,N}$ umgeformt werden. Dafür genügt es, in den jeweiligen Ausdrücken aus Tabelle 6.2 J durch $J_{min} + p\Delta J$, S durch $m\Delta S$ und t durch $n\Delta t$ zu ersetzen. Bei den drei Zellen, die Ableitungen von W enthalten, werden statt der in den Tabellen enthaltenen Ausdrücke die Formeln (6.30) und (6.31) umgeformt.

Bei der bislang durchgeführten Anwendung der θ-Methode Finiter Differenzen in zweidimensionalen Gittern wurde die Optionsbewertungsdifferentialgleichung im Punkt $(m, n + \theta)$ diskretisiert. Bei der Bewertung von Average Optionen ist ein dreidimensionales Gitter, das auch die Ausprägungen von J berücksichtigt, notwendig. Dabei sind nur für die Gitterdimension S beide Gitterränder bekannt, von den beiden übrigen Dimensionen J und t ist nur jeweils ein Rand bekannt. Die θ-Methode Finiter Differenzen diskretisiert deshalb die Optionsbewertungsdifferentialgleichung (6.27) im Punkt $(p + \theta_1, m, n + \theta_2)$ mit $0 \leq \theta_1 \leq 1$ und $0 \leq \theta_2 \leq 1$. Sowohl für J als auch für t findet die Diskretisierung also zwischen den eigentlich betrachteten Gitterpunkten statt. Die vier Ableitungen aus (6.27) werden deshalb durch die Differenzenquotienten aus den Gleichungen

$$(6.32) \qquad \frac{\partial W}{\partial t} = (1 - \theta_1) \frac{W_{p,m,n+1} - W_{p,m,n}}{\Delta t} + \theta_1 \frac{W_{p+1,m,n+1} - W_{p+1,m,n}}{\Delta t}$$

$$(6.33) \qquad \frac{\partial W}{\partial J} = (1 - \theta_2) \frac{W_{p+1,m,n} - W_{p,m,n}}{\Delta J} + \theta_2 \frac{W_{p+1,m,n+1} - W_{p,m,n+1}}{\Delta J}$$

$$(6.34) \qquad \frac{\partial W}{\partial S} = (1 - \theta_1)(1 - \theta_2) \frac{W_{p,m+1,n} - W_{p,m-1,n}}{2\Delta S} + (1 - \theta_1)\theta_2 \frac{W_{p,m+1,n+1} - W_{p,m-1,n+1}}{2\Delta S}$$
$$+ \theta_1 (1 - \theta_2) \frac{W_{p+1,m+1,n} - W_{p+1,m-1,n}}{2\Delta S} + \theta_1 \theta_2 \frac{W_{p+1,m+1,n+1} - W_{p+1,m-1,n+1}}{2\Delta S}$$

(6.35)
$$\frac{\partial^2 W}{\partial S^2} = (1-\theta_1)(1-\theta_2)\frac{W_{p,m+1,n} - 2W_{p,m,n} + W_{p,m-1,n}}{\Delta S^2}$$

$$+ (1-\theta_1)\theta_2 \frac{W_{p,m+1,n+1} - 2W_{p,m,n+1} + W_{p,m-1,n+1}}{\Delta S^2}$$

$$+ \theta_1(1-\theta_2)\frac{W_{p+1,m+1,n} - 2W_{p+1,m,n} + W_{p+1,m-1,n}}{\Delta S^2}$$

$$+ \theta_1\theta_2 \frac{W_{p+1,m+1,n+1} - 2W_{p+1,m,n+1} + W_{p+1,m-1,n+1}}{\Delta S^2}$$

ersetzt. Mit den gleichen Schritten wie für die Differenzenquotienten (3.31), (3.65) und (3.66) aus Kapitel 3 kann gezeigt werden, daß die beiden Differenzenquotienten aus (6.34) und (6.35) unabhängig von der Ausprägung von θ_1 und θ_2 mit einem Fehler der Ordnung $\Delta t^2 + \Delta J^2 + \Delta S^2$ belastet sind, bei den beiden Differenzenquotienten aus (6.32) und (6.33) ein Fehler der Ordnung $\Delta t^2 + \Delta J^2$ aber nur für die Crank-Nicolson Parameterwahl $\theta_1 = \theta_2 = \frac{1}{2}$ gilt. Falls $\theta_1 \neq \frac{1}{2}$ gewählt ist, verschlechtert sich bei beiden Differenzenquotienten die Ordnung des Fehlers in J von ΔJ^2 auf ΔJ, für $\theta_2 \neq \frac{1}{2}$ die Ordnung des Fehlers in t von Δt^2 auf Δt.

Nach Ersetzen der Differentialquotienten aus (6.27) durch die Differenzenquotienten aus (6.32) bis (6.35) folgt die neue Differenzengleichung

(6.36)
$$a_{0,m,0}W_{p,m-1,n} + b_{0,m,0}W_{p,m,n} + c_{0,m,0}W_{p,m+1,n}$$

$$+ a_{1,m,0}W_{p+1,m-1,n} + b_{1,m,0}W_{p+1,m,n} + c_{1,m,0}W_{p+1,m+1,n}$$

$$+ a_{0,m,1}W_{p,m-1,n+1} + b_{0,m,1}W_{p,m,n+1} + c_{0,m,1}W_{p,m+1,n+1}$$

$$+ a_{1,m,1}W_{p+1,m-1,n+1} + b_{1,m,1}W_{p+1,m,n+1} + c_{1,m,1}W_{p+1,m+1,n+1} = 0$$

mit den Koeffizienten

(6.37)
$$a_{x,m,y} = f_2(x)f_1(y)\left(+(r-q)m\Delta t/2 - \sigma^2 m^2 \Delta t/2\right)$$

(6.38)
$$b_{x,m,y} = (-1)^y f_2(x) + (-1)^x f_1(y)\, m\Delta S\Delta t/\Delta J + f_2(x)f_1(y)\sigma^2 m^2 \Delta t/2$$

(6.39)
$$c_{x,m,y} = f_2(x)f_1(y)\left(-(r-q)m\Delta t/2 - \sigma^2 m^2 \Delta t/2\right)$$

in denen die beiden Funktionen $f_i:\{0,1\} \rightarrow \{1-\theta_i, \theta_i\}$ für $i = 1, 2$ als

$$(6.40) \qquad f_i(x) = \begin{cases} 1 - \theta_i & \Leftrightarrow \quad x = 0 \\ \theta_i & \Leftrightarrow \quad x = 1 \end{cases}$$

definiert sind. Aus (6.36) folgt, daß zur Berechnung der ersten Optionswerte $W_{P-1,\bullet,N-1}$ die Werte von $W_{P,\bullet,N-1}$, $W_{P-1,\bullet,N}$ und $W_{P,\bullet,N}$ benötigt werden. Für fast alle Optionen können diese Werte aus den Spalten drei und vier von Tabelle 6.2 direkt abgelesen werde. Die Ausnahme bilden hier nur europäische Kaufoptionen, deren Randbedingung an der Stelle J_{max} lediglich in Form einer Ableitung gegeben ist. Die zugehörigen Werte von $W_{P,\bullet,N-1}$ können für diesen Optionstyp deshalb erst im Rahmen der Berechnung der übrigen Optionswerte des benachbarten J-Wertes bestimmt werden. Im folgenden wird deshalb zuerst die Bewertung aller übrigen Optionen und erst im Anschluß daran die leicht unterschiedliche Bewertung europäischer Kaufoptionen behandelt.

Um (6.36) für die Methode Finiter Differenzen verwenden zu können, wird sie in eine Matrizengleichung umgeformt. Sie besitzt dann ähnlich wie Gleichung (5.9) die Form

$$(6.41) \qquad M_{0,0}^- W_{p,n}^- = \omega_{p,n} - M_{1,0}^+ W_{p+1,n}^+ - M_{0,1}^+ W_{p,n+1}^+ - M_{1,1}^+ W_{p+1,n+1}^+$$

in der die auftretenden Matrizen für $(x,y) \in \{(0,0),(0,1),(1,0),(1,1)\}$ als

$$(6.42) \qquad M_{x,y}^- = \begin{bmatrix} b'_{x,1,y} & c'_{x,1,y} & 0 & \cdots & 0 \\ a_{x,2,y} & b_{x,2,y} & c_{x,2,y} & & \cdots \\ 0 & \cdot & \cdot & \cdot & 0 \\ \cdots & & a_{x,M-2,y} & b_{x,M-2,y} & c_{x,M-2,y} \\ 0 & \cdots & 0 & a''_{x,M-1,y} & b''_{x,M-1,y} \end{bmatrix}$$

$$(6.43) \qquad M_{x,y}^+ = \begin{bmatrix} a_{x,1,y} & b_{x,1,y} & c_{x,1,y} & 0 & \cdot & \cdot & 0 \\ 0 & a_{x,2,y} & b_{x,2,y} & c_{x,2,y} & & & \cdot \\ \cdot & & \cdot & & \cdot & & \cdot \\ \cdot & & & a_{x,M-2,y} & b_{x,M-2,y} & c_{x,M-2,y} & 0 \\ 0 & \cdot & \cdot & 0 & a_{x,M-1,y} & b_{x,M-1,y} & c_{x,M-1,y} \end{bmatrix}$$

definiert sind. Die Matrizen $M_{x,y}^-$ sind von der Dimension $(M$-$1)\times(M$-$1)$ Matrix, die Matrizen $M_{x,y}^+$ von der Dimension $(M$-$1)\times(M$+$1)$. Die in (6.41) vorkommenden Vektoren haben die Form

$$(6.44) \qquad \omega_{p,n} = \begin{bmatrix} a_{0,1,0}\omega' & 0 & \cdots & 0 & c_{0,M-1,0}\omega'' \end{bmatrix}^T \in R^{M-1}$$

$$(6.45) \qquad W_{p,n}^- = \begin{bmatrix} W_{p,1,n} & W_{p,2,n} & \cdots & W_{p,M-2,n} & W_{p,M-1,n} \end{bmatrix}^T \in R^{M-1}$$

$$(6.46) \qquad W_{p,n}^+ = \begin{bmatrix} W_{p,0,n} & W_{p,1,n} & W_{p,2,n} & \cdots & W_{p,M-2,n} & W_{p,M-1,n} & W_{p,M,n} \end{bmatrix}^T \in R^{M+1}.$$

Zur vollständigen Definition von Gleichung (6.41) müssen noch die in der Matrix $M_{0,0}^-$ auftretenden Elemente $b'_{0,1,0}, c'_{0,1,0}$ und $a''_{0,M-1,0}, b''_{0,M-1,0}$ sowie die im Vektor $\omega_{p,n}$ auftretenden Ausdrücke ω' und ω'' bestimmt werden. Wie bei den bislang beschriebenen Optionen leiten sich diese Werte aus den Randbedingungen ab und sind für Average Rate Optionen in Tabelle 6.3 erläutert.

Mit diesen Information ist es möglich, europäische Optionswerte zu allen Punkten des dreidimensionalen Gitters zu bestimmen. Im ersten Schritt werden dabei die Optionswerte $W_{P-1,\bullet,N-1}$ berechnet. Anschließend werden rekursiv alle übrigen Werte des jeweils vorherigen Zeitpunktes bei unverändertem $J = J_{min} + (P - 1)\Delta J$ bestimmt. Nach Erreichen der Optionswerte $W_{P-1,\bullet,0}$ wird der gleiche Vorgang beim Wert $J = J_{min} + (P - 2)\Delta J$ wiederholt, es werden also nacheinander alle Optionswerte von $W_{P-2,\bullet,N-1}$ bis $W_{P-2,\bullet,0}$ bestimmt. Dieser Vorgang wird so oft durchgeführt, bis als letztes die Optionswerte $W_{0,\bullet,0}$ bekannt sind, zu denen auch der eigentlich gesuchte Wert mit $J = J_{min}$ und $t = 0$ gehört. Da sämtliche auftretenden Matrizen tridiagonal sind, gestaltet sich auch hier die Dekomposition der Matrix besonders einfach.

	$b'_{0,1,0}$	$c'_{0,1,0}$	ω'
Europäische Kaufoption	$b_{0,1,0}$	$c_{0,1,0}$	$e^{-rT}\left[\dfrac{J_{min}+p\Delta J}{T}-X\right]^+$
Amerikanische Kaufoption	$b_{0,1,0}$	$c_{0,1,0}$	$e^{-rT}\left[\dfrac{J_{min}+p\Delta J}{T}-X\right]^+$
Europäische Verkaufoption	$b_{0,1,0}$	$c_{0,1,0}$	$e^{-rT}\left[X-\dfrac{J_{min}+p\Delta J}{T}\right]^+$
Amerikanische Verkaufoption	$b_{0,1,0}$	$c_{0,1,0}$	$e^{-rT}\left[X-\dfrac{J_{min}+p\Delta J}{T}\right]^+$
	$a''_{0,M-1,0}$	$b''_{0,M-1,0}$	ω''
Europäische Kaufoption	$a_{0,M-1,0}$	$b_{0,M-1,0}+\dfrac{M}{M-1}c_{0,M-1,0}$	$\dfrac{e^{-rT}}{M-1}\left[X-\dfrac{J_{min}+p\Delta J}{T}\right]^+$
Amerikanische Kaufoption	$a_{0,M-1,0}$	$b_{0,M-1,0}+\dfrac{M}{M-1}c_{0,M-1,0}$	$\dfrac{e^{-rT}}{M-1}\left[X-\dfrac{J_{min}+p\Delta J}{T}\right]^+$
Europäische Verkaufoption	$a_{0,M-1,0}$	$b_{0,M-1,0}$	0
Amerikanische Verkaufoption	$a_{0,M-1,0}$	$b_{0,M-1,0}$	$e^{-m\Delta t}\left[X-\dfrac{J_{min}+p\Delta J}{n\Delta t}\right]^+$

Tabelle 6.3: Matrixelemente von Average Rate Optionen

Für europäische Kaufoptionen muß ein geringfügig aufwendigerer Weg beschritten werden. Zur Bestimmung aller Optionswerte $W_{P-1,\bullet,\bullet}$ fehlt für die Verwendung von Gleichung (6.41) die vorab benötigte Kenntnis der Optionswerte $W_{P,\bullet,\bullet}$. Aus Gleichung (6.31) ist aber bekannt, wie sich $W_{P,\bullet,\bullet}$ zu $W_{P-1,\bullet,\bullet}$ verhält. Für alle $0 \le n \le N$ erfüllen die jeweiligen Optionswerte die Gleichung

$$W_{P,\bullet,n} = W_{P-1,\bullet,n} + e^{-rT}\frac{J}{T}t$$

wobei ι für einen Vektor der Dimension (M-1) steht, dessen sämtliche Elemente gleich Eins sind. Wenn dieser Ausdruck für $W_{P,\bullet\bullet}$ in (6.41) eingesetzt wird, so resultiert für die Gitterebene $J = J_{min} + (P-1)\Delta J$ die neue Gleichung

$$(6.47) \qquad \left(M_{0,0}^- + M_{1,0}^- \right) W_{P-1,n}^- = \hat{\omega}_{P,n} - e^{-rT} \frac{J}{T} M_{1,0}^+ \iota - M_{0,1}^+ W_{P-1,n+1}^+ - M_{1,1}^+ W_{P,n+1}^+$$

mit

$$(6.48) \qquad \hat{\omega}_{P,n} = \left[(a_{0,1,0} + a_{1,1,0})\omega' \quad 0 \quad \cdots \quad 0 \quad (c_{0,M-1,0} + c_{1,M-1,0})\omega'' \right]^T \in R^{M-1}.$$

Die Elemente $b_{1,1,0}'$, $c_{1,1,0}'$, $a_{1,M-1,0}''$ und $b_{1,M-1,0}''$ der jetzt erstmalig auftretenden Matrix $M_{1,0}^-$ entsprechen denen für $b_{0,1,0}'$, $c_{0,1,0}'$, $a_{0,M-1,0}''$ und $b_{0,M-1,0}''$ aus Tabelle 6.3, wobei in den jeweiligen Gleichungen die Variablen $b_{0,1,0}$, $c_{0,1,0}$, $a_{0,M-1,0}$ und $b_{0,M-1,0}$ durch $b_{1,1,0}$, $c_{1,1,0}$, $a_{1,M-1,0}$ und $b_{1,M-1,0}$ ersetzt werden müssen. Nach Kenntnis dieser Werte können mit Gleichung (6.47) auch für europäische Verkaufoptionen rekursiv Optionswerte zu allen Zeitpunkten der Gitterebene $J = J_{min} + (P-1)\Delta J$ bestimmt werden. Ab der darauffolgenden Gitterebene $J = J_{min} + (P-2)\Delta J$ sind alle für die Verwendung der ursprünglichen Matrixgleichung (6.41) benötigten Gitterränder bekannt. Es kann deswegen wie bei allen anderen Average Rate Optionen vorgegangen werden.

Bei amerikanischen Average Rate Optionen muß zusätzlich für jeden Gitterpunkt untersucht werden, ob der Optionswert durch Ausüben erhöht werden kann. Für Kaufoptionen heißt das, die zusätzliche Ausübungsbedingung

$$(6.49) \qquad W_{p,m,n} = \left[(J_{min} + p\Delta J)/(n\Delta t) - X \right]^+$$

muß erfüllt sein. Für Verkaufoptionen gilt die gleiche Ausübungsbedingung mit vertauschtem Minuend und Subtrahend.

Aktien-	Optionswert zum Ende von						
kurs	Monat 6	Monat 7	Monat 8	Monat 9	Monat 10	Monat 11	Monat 12
200,00	0,00	0,00	0,00	0,00	0,00	0,00	50,00
183,33	-0,20	-1,57	-1,00	3,82	13,48	30,88	50,00
166,67	-0,54	-2,64	0,03	8,48	21,04	35,47	50,00
150,00	-1,75	-2,22	2,78	12,50	24,47	37,14	50,00
133,33	-2,36	-0,35	6,51	16,31	27,25	38,54	50,00
116,67	-1,34	3,23	10,99	20,23	29,98	39,92	50,00
100,00	2,11	8,31	15,99	24,25	32,72	41,30	50,00
83,33	8,03	14,44	21,29	28,32	35,46	42,68	50,00
66,67	15,52	21,05	26,69	312,41	38,20	44,06	50,00
50,00	23,48	27,77	32,11	36,50	40,94	45,44	50,00
33,33	31,49	34,50	37,52	40,59	43,69	46,82	50,00
16,67	39,42	41,44	42,82	44,71	46,42	48,21	50,00
0,00	47,56	47,96	48,36	48,77	49,17	49,59	50,00

Abbildung 6.4: Europäischen Average Rate Verkaufoption, Gitterebene $J = J_{min}$, $\theta_1 = \theta_2 = \frac{1}{2}$

Abbildung 6.4 zeigt die Gitterebene $J = J_{min}$ der bereits mittels Monte Carlo Methode bewerteten Average Rate Verkaufoption. Für die Berechnung wurden die Crank-Nicolson Parameter $\theta_1 = \theta_2 = \frac{1}{2}$ verwandt. Bei Betrachtung der Ergebnisse fällt sofort auf, daß im linken oberen Bereich des Gitters zahlreiche mit der Theorie nicht verträgliche negative Optionswerte vorkommen. Dieses Ergebnis zeigt sich auch bei zunehmender Feinheit des Gitters. Verschiedene Autoren haben darauf hingewiesen, daß negative Optionswerte einen Hinweis auf die Instabilität des Bewertungsalgorithmus darstellen.[19] Im bislang verwandten zweidimensionalen Gitter war die θ-Methode Finiter Differenzen für beliebige Maschengrößen stabil, wenn der Gewichtungsfaktor θ bei der Bestimmung der Differenzenquotienten (3.64) und (3.65) so gewählt wurde, daß der Differenzenquotient der instabilen expliziten Methode nicht gegenüber dem der stabilen impliziten Methode dominiert. Im Ergebnis ist der Algorithmus deshalb für $(1 - \theta) \geq \frac{1}{2}$ für jede Maschengröße stabil. Bei Anwendung der θ-Methode Finiter Differenzen im dreidimensionalen Gitter müssen die Gewichtungsfaktoren θ_1 und θ_2 ähnlich gewählt werden. Hier muß in den Gleichungen (6.32) bis (6.35) die implizite Methode mindestens ein

---

[19] Vgl. Hull (1997), S. 378 und Weßels (1992), S. 112.

Gewicht von 50% erhalten, d.h. es müssen die Ungleichungen $(1 - \theta_1) \geq \frac{1}{2}$, $(1 - \theta_2) \geq \frac{1}{2}$ und $(1 - \theta_1)(1 - \theta_2) \geq \frac{1}{2}$ erfüllt sein. Für die in Abbildung 6.4 verwandte Crank-Nicolson Wahl $\theta_1 = \theta_2 = \frac{1}{2}$ sind aber nur die ersten beiden dieser drei Ungleichungen erfüllt, der Algorithmus ist deshalb instabil. In Abbildung 6.5 wird deshalb die gleiche Option mit den veränderten Gewichtungsfaktoren $\theta_1 = \theta_2 = 1 - 1/\sqrt{2}$ bestimmt. Diese Parameterwahl erfüllt alle drei Ungleichungen und liegt gleichzeitig möglichst nah an der die Fehler minimierenden Crank-Nicolson Wahl $\theta_1 = \theta_2 = \frac{1}{2}$. Die Methode Finiter Differenzen besitzt bei dieser Wahl einen Fehlerterm der Ordnung $\Delta t + \Delta J + \Delta S^2$.

Aktien-	Optionswert zum Ende von						
kurs	Monat 6	Monat 7	Monat 8	Monat 9	Monat 10	Monat 11	Monat 12
200,00	0,00	0,00	0,00	0,00	0,00	0,00	50,00
183,33	0,25	0,85	2,61	6,82	15,22	30,20	50,00
166,67	0,67	1,98	5,22	11,67	22,00	35,43	50,00
150,00	1,35	3,41	7,66	14,93	25,13	37,20	50,00
133,33	2,44	5,29	10,33	17,92	27,64	38,58	50,00
116,67	4,19	7,86	13,51	21,13	30,17	39,94	50,00
100,00	6,91	11,34	17,34	24,65	32,78	41,30	50,00
83,33	10,95	15,87	21,80	28,44	35,47	42,68	50,00
66,67	16,55	21,44	26,79	32,42	38,19	44,06	50,00
50,00	23,61	27,79	32,10	36,49	40,94	45,44	50,00
33,33	31,50	34,49	37,51	40,58	43,68	46,82	50,00
16,67	39,53	41,22	42,94	44,67	46,43	48,20	50,00
0,00	47,56	47,96	48,36	48,77	49,17	49,59	50,00

Abbildung 6.5: Europäischen Average Rate Verkaufoption, Gitterebene $J = J_{min}$, $\theta_1 = \theta_2 = 0,71$

Abbildung 6.5 zeigt die Gitterebene $J = J_{min}$ der bereits mittels Monte Carlo Methode bewerteten Average Rate Verkaufoption. Bei der Berechnung wurden die Gewichtungsfaktoren $\theta_1 = \theta_2 = 1 - 1/\sqrt{2}$ verwandt, kein Optionswert ist negativ. Weil die Auszahlungsfunktion wie bei Lookback Rate Optionen unabhängig vom bei Fälligkeit aktuellen Aktienkurs ist, sind alle Optionswerte der letzten Spalte identisch. Bei Betrachtung des Gitters fällt außerdem auf, daß die Optionswerte bei konstantem Aktienkurs über die Zeit steigen. Dies ist jedoch kein

Anzeichen für ein positives Theta. Es resultiert daher, daß für alle eingezeichneten Gitter-punkte der Wert von $J(t)$ konstant ist. Somit sinkt das aktuelle arithmetische Mittel $J(t)/t$ von links nach rechts und der innere Optionswert steigt in der gleichen Richtung an. Bei der Be-stimmung von Theta müßte demgegenüber das Ansteigen von $J(t)$ über die Zeit berücksichtigt werden.[20] Abbildung 6.5 bestimmt den Optionswert bei einem Aktienkurs von 100,00 mit 6,91. Dieser Wert ist noch über 300% vom mittels Monte Carlo Verfahren bestimmten Ver-gleichswert 1,66 entfernt.

6.3.3.2 Approximationsverhalten

Während die θ-Methode Finiter Differenzen den Vergleichswert bei allen bislang behandelten Optionen auch bei recht groben Bewertungsgittern bereits gut approximiert, treten bei Avera-ge Rate Optionen Fehler von mehreren hundert Prozent auf. Es ist deshalb von besonderem Interesse, wie der Vergleichswert bei immer feinerem Gitter approximiert wird, und ob die Genauigkeit des Ergebnisses durch Richardson Extrapolation gesteigert werden kann. Abbil-dung 6.6 zeigt deshalb die Ergebnisse der θ-Methode Finiter Differenzen für die bekannte europäische Verkaufoption bei verschiedenen von rechts nach links immer feineren Gittern mit den Parametern $10/P = 10/M = 10/N$. Aus der durch die Punkte gelegten Kurve wird deutlich, daß die Approximation an den Grenzwert für unendliche Feinheit hier deutlich lang-samer als bei allen bislang betrachteten Optionen verläuft. Dies kann an insgesamt drei ver-schiedenen hier erstmals zusammen auftretenden Gründen liegen:

- Wie bei Average Strike Optionen kann nicht mit dem logarithmierten und damit dem der zugrundeliegenden Verteilungsannahme am besten entsprechenden Aktienkurs gearbeitet werden.

- Wie bei Lookback Optionen entspricht lediglich für den Aktienkurs die Ordnung des Feh-lers dem Quadrat der Schrittlänge, für alle anderen Maschengrößen ist es die Schrittlänge selbst.

---

[20] Für Average Optionen ist Theta als $\Theta = \dfrac{\partial V}{\partial t} + \dfrac{\partial V}{\partial J}\dfrac{\partial J}{\partial t} = \dfrac{\partial V}{\partial t} + S\dfrac{\partial V}{\partial J}$ definiert. Falls der aktuelle Aktienkurs dem $\tilde{m}$-ten betrachteten Kurs entspricht, lautet deswegen der Differenzenquotient zur Bestimmung von Theta $\Theta = \dfrac{-3W_{0,\tilde{m},0} + 4W_{0,\tilde{m},1} - W_{0,\tilde{m},2}}{2\Delta t} + S\dfrac{-3W_{0,\tilde{m},0} + 4W_{1,\tilde{m},0} - W_{2,\tilde{m},0}}{2\Delta J}$. Aus Abbildung 6.5 kann nur der erste der bei-

- Aus dem erstmaligen Einsatz eines Gitters mit drei Dimensionen resultiert ein zusätzlicher Fehlerterm in der dritten Dimension.

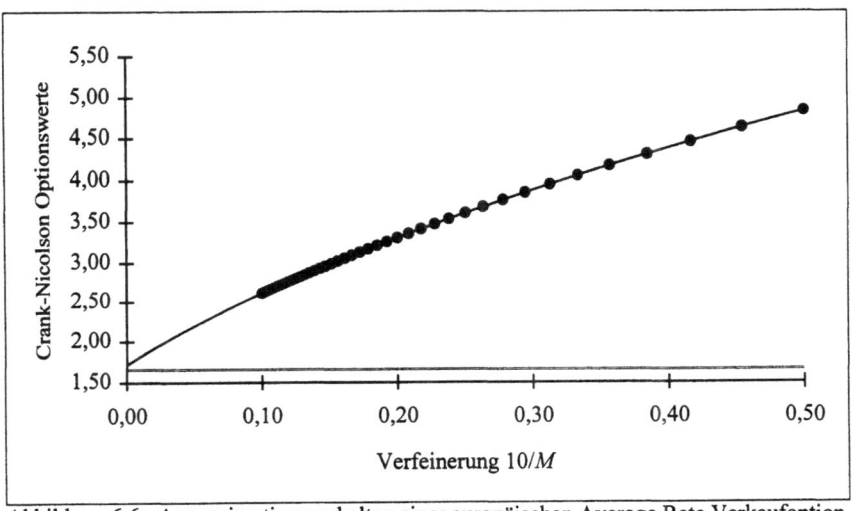

Abbildung 6.6: Approximationsverhalten einer europäischen Average Rate Verkaufoption

Gerade weil die Approximation bei Average Rate Optionen so langsam verläuft, führt die Verknüpfung mit der Richardson Extrapolation hier zu einer deutlichen Erhöhung der Genauigkeit. Wegen der Form des Fehlerterms wird dabei der Polynomialsummand (5.19) von Lookback Optionen verwandt. Der geeigneten Wert von Q liegt bei Average Rates genauso wie bei Average Strikes vergleichsweise hoch. Die in Abbildung 6.6 eingezeichnete Regressionskurve wurde für $Q = 4$ berechnet. Sie besitzt einen Korrelationskoeffizienten von über 99,99% und einen y-Achsenabschnitt, der mit 1,706 nur noch vergleichsweise wenig über dem als parallele Geraden eingezeichneten 95%-Konfidenzintervall von 1,651 bis 1,672 liegt.[21] Durch Erhöhung von Q können beide Werte nicht mehr verbessert werden, wohl aber durch Berücksichtigung ausschließlich feinerer Bewertungsgitter. Diese Arbeit empfiehlt deswegen die Verknüpfung der θ-Methode Finiter Differenzen bei hohen Verfeinerungen des Gitters mit der Richardson Extrapolation bei $Q = 4$. Wenn $F(1)$, $F(w)$, $F(x)$, $F(y)$ und $F(z)$ die fünf Ergebnisse bei den Gitterverfeinerungen (P, M, N), (wP, wM, wN), (xP, xM, xN), (yP, yM, yN)

---

den dafür notwendigen Differenzquotienten bestimmt werden, zur vollständigen Bestimmung sind auch die beiden zuvor berechneten Gitterebenen notwendig.
[21] Wegen der großen Bandbreite der Crank-Nicolson Lösungen können die sehr nah beieinander liegenden Graden des 95%-Konfidenzintervalls optisch kaum unterschieden werden.

und (zP, zM, zN) bezeichnen, so lautet die zugehörige Richardson Extrapolation für den Grenzwert

(6.50)
$$F(\infty) = \frac{\det\begin{bmatrix} F(1) & 1 & 1 & 1 & 1 \\ F(w) & 1/w & 1/w^2 & 1/w^3 & 1/w^4 \\ F(x) & 1/x & 1/x^2 & 1/x^3 & 1/x^4 \\ F(y) & 1/y & 1/y^2 & 1/y^3 & 1/y^4 \\ F(z) & 1/z & 1/z^2 & 1/z^3 & 1/z^4 \end{bmatrix}}{\det\begin{bmatrix} 1 & 1 & 1 & 1 & 1 \\ 1 & 1/w & 1/w^2 & 1/w^3 & 1/w^4 \\ 1 & 1/x & 1/x^2 & 1/x^3 & 1/x^4 \\ 1 & 1/y & 1/y^2 & 1/y^3 & 1/y^4 \\ 1 & 1/z & 1/z^2 & 1/z^3 & 1/z^4 \end{bmatrix}}.$$

Auch hier soll die Güte dieser Extrapolationsgleichung an einem Beispiel verdeutlicht werden. Für die Verfeinerungen $P = M = N = 70$, $w = 8/7$, $x = 9/7$, $y = 10/7$ und $z = 11/7$ folgen die Ergebnisse $F(1) = 2,928$, $F(w) = 2,799$, $F(x) = 2,695$, $F(y) = 2,609$ und $F(z) = 2,537$. Sie liegen deutlich außerhalb des 95%-Konfidenzintervalls von 1,651 bis 1,672. Der mittels Richardson Extrapolation bestimmte Grenzwert Punkte beträgt demgegenüber $F(\infty) = 1,669$ und ist damit innerhalb des 95%-Konfidenzintervalls. Die für diese Extrapolation zu bestimmende Anzahl von $71^3 + 81^3 + 91^3 + 101^3 + 111^3 = 4.040.855$ Optionswerten entspricht in etwa der eines Gitters mit $P = M = N = 160$, der in diesem Gitter berechnete Optionswert liegt aber mit 2,300 noch sehr weit außerhalb des Konfidenzintervalls. Falls die Methode Finiter Differenzen zur Bewertung von Average Rate Optionen verwandt werden soll, empfiehlt sich also trotz der dafür notwendigen fünf Berechnungsergebnisse bei vergleichsweise hoher Gitterfeinheit die Verknüpfung mit der Richardson Extrapolation. Wegen der aber selbst unter Verwendung der Richardson Extrapolation sehr hohen Rechenzeiten kann bei einem Vergleich der verschiedenen numerischen Methoden nicht mehr eindeutig für die Methode Finiter Differenzen argumentiert werden.

7 Schlußbetrachtung

7.1 Flexibilität der Methode Finiter Differenzen

In den letzten drei Kapiteln lag der Schwerpunkt dieser Arbeit auf der Anwendung der Methode Finiter Differenzen zur Bewertung pfadabhängiger Optionen. Neben dem grundsätzlichen Vorgehen waren dabei insbesondere Genauigkeit und Geschwindigkeit von Bedeutung. Ein weiteres wichtiges Beurteilungskriterium von Bewertungsmethoden ist die bislang nicht behandelte Flexibilität bei Veränderungen von Vertragsbedingungen. Es geht dabei um die wegen der zahlreichen Neuentwicklungen exotischer Optionen relevante Frage, wie leicht eine Änderung der Vertragsbedingungen in den Bewertungsalgorithmus integriert werden kann. In diesem Abschnitt soll die Flexibilität der Methode Finiter Differenzen am Beispiel einer europäischen Compound Lookback Strike Kaufoption untersucht werden, also einer Option, die die pfadabhängige Komponente eines Lookbacks aus Kapitel 5 mit der pseudo-exotischen Komponente einer Compound Option aus Kapitel 2 verbindet. Wenn T_1 für den Fälligkeitszeitpunkt des Compound Lookbacks und T_2 für den Fälligkeitszeitpunkt des eventuell resultierenden Standard Lookbacks steht, so lautet die Auszahlungsfunktion des Compound Lookbacks

$$(7.1) \qquad V(S,J,T_1) = \left[C(S,J,T_1) - X \right]^+ .$$

In dieser Gleichung steht $C(S, J, T_1)$ für den Wert einer europäischen Lookback Strike Kaufoption mit Fälligkeit T_2 zum Zeitpunkt T_1, wenn der aktuelle Aktienkurs S und der seit dem Zeitpunkt $t = 0$ aufgetretene minimale Aktienkurs J beträgt.

Um diese Option mittels Methode Finiter Differenzen zu bewerten, müssen Optionsbewertungsdifferentialgleichung, End- und Randwertbedingungen sowie das Gitter bestimmt werden. Der Wert des gesuchten Compound Lookbacks hängt genauso wie der Wert eines Standard Lookbacks von den drei Variablen aktueller Aktienkurs, aktueller Extremkurs und Zeitpunkt der Bewertung ab. Die Optionsbewertungsdifferentialgleichungen beider Optionen sind deswegen identisch und entsprechen der Gleichung (3.7) einer Standard Option. Die ebenfalls benötigten End- und Randwertbedingungen und das Gitter sind in Abbildung 7.1 beschrieben. Anders als bei allen bislang behandelten Optionen wird dabei nur die durch Auszahlungsfunktion (7.1) definierte Option und nicht alle möglichen Varianten von Compound Look-backs beschrieben.

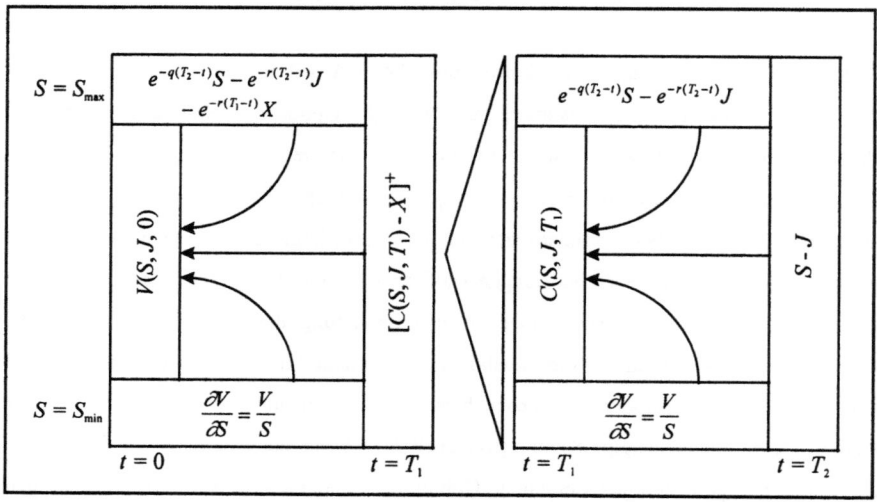

Abbildung 7.1: Bewertungsgitter einer europäischen Compound Lookback Strike Kaufoption

Das Bewertungsgitter der Compound Lookback Option besteht aus zwei separaten Gittern. Einem ersten Gitter von $t = 0$ bis $t = T_1$ für die eigentliche Compound Lookback Option und einem zweiten von $t = T_1$ bis $t = T_2$ für die eventuell entstehende Standard Lookback Option. Beide Gitter werden für das zu Laufzeitbeginn aktuelle Minimum $J(0)$ mit den Gitterrändern $S_{min} = J(0)$ und S_{max} deutlich größer als $J(0)$ bestimmt. Die alleinige Aufgabe des zweiten Gitters ist es, die Endwerte des ersten Gitters zu bestimmen. Dafür werden mit den in Tabelle 5.2 beschriebenen End- und Randwertbedingungen zuerst die Werte von $C(S, J, T_1)$ für alle Aktienkurse zwischen S_{min} und S_{max} berechnet, bevor anschließend mit Hilfe von Gleichung (7.1) die Endwerte des Compound Lookbacks $\left[C(S,J,T_1) - X\right]^+$ als letzte Spalte des ersten Gitters bestimmt werden können. Die untere der beiden noch ausstehenden Randbedingungen des ersten Gitters bleibt gegenüber dem normalen Lookback mit $\partial V/\partial S = V/S$ unverändert, lediglich die obere Randbedingung muß die zum Zeitpunkt T_1 fällige Zahlung des Aus-übungspreises X berücksichtigen. Wegen der Höhe des Aktienkurses kann dabei angenom-men werden, daß der Compound Lookback zum Zeitpunkt T_1 und der resultierende Standard Lookback zum Zeitpunkt T_2 mit dem bis dahin unverändertem Minimum J ausgeübt wird. Im

Unterschied zum Standard Lookback muß deshalb noch der Zeitwert des Ausübungspreises $e^{-r(T_1-t)}X$ vom Optionswert abgezogen werden. Mit diesen Rand- und Endwertbedingungen kann der Wert des Compound Lookbacks zum Zeitpunkt $t = 0$ unter Verwendung des Algorithmus aus Kapitel 5 bestimmt werden.

Aktien- kurse	Compound Lookback zum Ende von				Standard Lookback zum Ende von			
	Monat 0	Monat 1	Monat 2	Monat 3	Monat 3	Monat 4	Monat 5	Monat 6
200,00	80,43	80,29	80,14	79,98	99,98	99,99	100,00	100,00
183,40	64,25	64,04	63,82	63,59	83,59	83,53	83,47	83,40
168,18	49,44	49,14	48,85	48,56	68,56	68,44	68,31	68,18
154,22	35,94	35,53	35,15	34,78	54,78	54,60	54,41	54,22
141,42	23,88	23,23	22,66	22,18	42,18	41,91	41,67	41,42
129,68	13,73	12,69	11,62	10,77	30,77	30,34	29,99	29,68
118,92	6,37	5,08	3,44	0,89	20,89	20,04	19,36	18,92
109,05	2,26	1,32	0,52	0,00	13,63	12,07	10,24	9,05
100,00	0,84	0,07	-0,43	0,00	10,60	8,91	6,81	0,00

Abbildung 7.2: Crank-Nicolson Gitter einer europäischen Compound Lookback Kaufoption

Abbildung 7.2 gibt ein Crank-Nicolson Gitter für eine Option mit den Parametern $S = J = 100$, $X = 20$, $T_1 = \frac{1}{4}$, $T_2 = \frac{1}{2}$, $\sigma = 25\%$, $r = 10\%$ und $q = 5\%$. Man erkennt, daß das Bewertungsgitter zweigeteilt ist und deshalb zu jedem Aktienkurs des Zeitpunktes $t = T_1$, also zum Ende von Monat 3, nicht nur einen sondern zwei Optionswerte angibt: Rechts den Wert des Standard Lookbacks, links den daraus resultierenden Wert des Compound Lookbacks. Man sieht auch, wie an dieser Stelle ein Sprung in den Optionswerten entsteht und sich fortpflanzt. Als dritte Besonderheit fällt eine negativer Optionswert am unteren Gitterrand auf. Er resultiert aus dem noch sehr groben Gitter und der Randbedingung, die an dieser Stelle nur durch eine Ableitung und nicht durch einen Optionswert gegeben ist. Bei größerer Feinheit des Gitters wären alle Optionswerte positiv. Im Ergebnis gibt Abbildung 7.2 den Optionswert mit 0,84 an. Eine Richardson Extrapolation bestimmt den Grenzwert mit 1,21 deutlich höher.[1]

---

[1] Bei der Anwendung der Richardson Extrapolation muß ähnlich wie bei Double Barrier Optionen berücksichtigt werden, daß sich die relative Lage des Ausübungspreises X zwischen den Werten des Standard Lookbacks zum Zeitpunkt T_1 für verschiedene Verfeinerungen M ändert, und daß dies Auswirkungen auf den Optionswert hat. Eine sinnvolle Richardson Extrapolation basiert deshalb auf mehrere Berechnungsergebnisse bei konstant ho-

Die Anpassung des Algorithmus der Standard Lookback Option an die zusätzliche Compound Vertragsbedingung gestaltet sich also sehr einfach. Die Herleitung einer geschlossenen Bewertungsformel oder auch nur einer analytischen Approximation derselben wäre demgegenüber mit deutlich mehr Aufwand verbunden. Die Anwendung der Methode Finiter Differenzen kann deshalb unter Umständen auch bei solchen Optionen interessant sein, bei denen zwar eine geschlossenen Lösung möglicherweise existiert, deren Formel aber noch nicht bekannt ist.

7.2 Zusammenfassung

Im Rahmen dieser Arbeit wurde der Einsatz und die Bewertung exotischer und insbesondere pfadabhängiger Optionen untersucht. Die Ergebnisse lassen sich wie folgt zusammenfassen.

Exotische und insbesondere pfadabhängige Optionen stellen ein wachsendes Segment des Optionshandels dar. Sie ermöglichen es Investoren, sich entweder maßgeschneidert und im Vergleich zu Standard Optionen auch preiswert abzusichern, oder mit bestimmten Erwartungen an die Zukunft zielgerichtet zu spekulieren. Wegen dieser Vorteile für den Anleger kann ein weiteres Wachstum des Handels und der Entwicklung neuer Varianten exotischer Optionen angenommen werden. Es besteht deshalb ein Bedarf an genauen, schnellen und flexiblen Bewertungsmethoden.

Analytische Lösungen sind nur für einen Teil von Standard oder exotischen Optionen bekannt. Sie beschränken sich zumeist auf Optionen mit europäischem Ausübungsrecht, sind aber selbst dort nicht immer vorhanden. Falls analytische Lösungen bekannt sind, ist deren Anwendung wegen der allen anderen Methoden überlegenen Genauigkeit und Schnelligkeit zu empfehlen. Für einige Standard Optionen ohne analytische Lösung kam es zur Entwicklung analytischer Approximationen. Diese Ansätze gelangen nur zum Teil zu guten Annäherungen an den wahren Wert. Sie benötigen zusätzlich bei jeder Änderung der Vertragsbedingungen eine grundsätzlich neue Überlegung zur Form der jeweils anzuwendenden Approxi-

---

hem Wert von M aber unterschiedlichen kleinen Werten von N. Das aufgeführte Ergebnis 1,21 basiert auf die lediglich zwei Optionswerte 1,2024 und 1,2082 bei den Verfeinerungen $M = 200$, $N = 20$ und $M = 200$, $N = 40$. Unter Berücksichtigung der Fehlerordnung und der Gitterverfeinerungen berechnet sich der Grenzwert deshalb in diesem Fall als $1,2140 = 2 \times 1,2082 - 1,2024$.

mation und sind deswegen nicht flexibel. Analytische Approximationen werden aus diesen Gründen nur auf die wenigsten exotischen Optionen angewandt.

Alternativ wurden auch numerische Verfahren der Optionsbewertung zur Approximation der analytischen Lösung eingeführt. Die wichtigsten Ansätze sind die Monte Carlo Methode, das Binomialmodell und die Methode Finiter Differenzen. Die Anwendung dieser Verfahren wurde bei Standard Optionen detailliert untersucht und ist dort auch vergleichsweise einfach und schnell möglich. Bei exotischen und insbesondere pfadabhängigen Optionen ist dies nicht immer der Fall.

Die Anpassung des Binomialmodells an pfadabhängige Vertragseigenschaften bereitet bei allen in dieser Arbeit behandelten Optionen Probleme. Bei Barrier Optionen sind die bei der Berechnung im Binomialmodell zugrunde gelegte und die tatsächliche Barrier in der Regel nicht identisch, was zu einer regelmäßigen Falschbewertung der Option führt. Bei Lookback und bei Average Optionen führt die zusätzliche Berücksichtigung des Aktienkursverlaufs zu einem deutlich aufwendigeren und deshalb auch langsameren Algorithmus. Die Berücksichtigung beliebiger exotischer Vertragseigenschaften in die Monte Carlo Methode gestaltet sich zwar sehr einfach, führt aber ebenfalls zu einer deutlichen Erhöhung der Rechenzeit.

Die Methode Finiter Differenzen eignet sich demgegenüber sehr gut für die Bewertung der meisten pfadabhängigen Optionen. Die Integration einer Kurschranke bereitet kein Problem. Mit Ausnahme von Average Rate Optionen genügt für die Bewertung ein lediglich zweidimensionales Gitter. Der Bewertungsaufwand entspricht deshalb in den meisten Fällen dem einer Standard Option. Die Anpassung des Algorithmus an Veränderungen der Vertragsbedingungen gestaltet sich häufig sehr einfach. Wegen der höheren Genauigkeit ist von den drei möglichen Ansätzen der Methode Finiter Differenzen der von Crank-Nicolson zu bevorzugen.

Die Genauigkeit und/oder Geschwindigkeit der Methode Finiter Differenzen kann durch Anwendung der Richardson Extrapolation deutlich erhöht werden. Es genügen dann zumeist wenige recht grobe Bewertungsgitter, um eine sehr gute Approximation des analytischen Wertes zu erreichen. Wegen der unterschiedlichen Randbedingungen, weil der Ausübungspreis nicht immer als Gitterpunkt gewählt werden kann und da teilweise mit dem Aktienkurs und teilweise mit dessen Logarithmus gearbeitet wird, gibt es dabei aber keine für alle Optionsarten einheitliche Extrapolationsformel.

Literaturverzeichnis

Barone-Adesi, G/ Whaley, R. E. (1987): "Efficient Analytic Approximation of American Option Values", in: Journal of Finance 42, S. 301-320.

Björck, A./ Dahlquist, G. (1972): „Numerische Methoden", R. Oldenbourg Verlag, München.

Black, F./ Scholes, M. (1973): „The Pricing of Options and Corporate Liabilities", in: Journal of Political Economy 81, S. 637-654.

Blomeyer, E. C. (1986): „An Analytic Approximation for the American Put Price for Options on Stocks with Dividends" in: Journal of Financial and Quantitative Analysis 21, S. 229 - 233.

Boyle, P. P. (1977): „Options: A Monte Carlo Approach", in: Journal of Financial Economics 4, S. 323 - 338.

Boyle, P. P. (1986): „Option Valuation using a Three-Jump Process", in: International Options Journal, S. 7 - 12.

Boyle, P. P. (1996): „Valuation of Exotic Options Using the Monte Carlo Method", in: Nelken, I. (Hrsg.): „The Handbook of Exotic Options", Irwin Professional Publishing, Chicago S. 316 - 326

Boyle, P. P./ Lau, S. H. (1994): „Bumping Up Against the Barrier with the Binomial Method", in The Journal of Derivatives, S. 6 - 14.

Boyle, P. P./ Tse, Y. K. (1990): „An Algorithm for Computing Values of Options on the Maximum of Minimum of Several Assets", in: Journal of Financial and Quantitative Analysis 25, S. 215 - 227.

Brennan, M. J./ Schwartz, E. S. (1978): „Finite Difference Methods and Jump Processes Arising in the Pricing of Contingent Claims: A Synthesis", in: Journal of Financial and Quantitative Analysis 13, S. 449 - 462.

Broadie, M./ Glasserman, P. (1995): „Pricing American Style Securities Using Simulation", Working Paper, Columbia University.

Chaplin, G (1993): „Not so Random", in: RISK volume 6 number 2, S. 56 - 57.

Chesney, M./ Cornwall, J./ Jeanblanc-Picque, M./ Kentwell, G./ Yor, M. (1997): „Parisian Pricing", in RISK volume 10 number 1, S. 77 - 79.

Chiang, A. C. (1984): „Fundamental Methods of Mathematical Economics", McGraw-Hill, New York.

Clewlow, L./ Carverhill, A. (1994): „Quicker on the Curves", in: RISK volume 7 number 5, S. 63 - 65.

Conze, A./ Viswanathan, R. (1991): „Pathdependent Options: The Case of Lookback Options", in: Journal of Finance 46, S. 1893 - 1907.

Corwin, J./ Boyle, P. P./ Tan, K. S. (1996): „Quasi-Monte Carlo Methods in Numerical Finance", in: Management Science 42, S. 926 - 938.

Courtadon, G. (1982): „A More Accurate Finite Difference Approximation for the Valuation of Options", in: Journal of Financial and Quantitative Analysis 17, S. 697 - 705.

Cox, J. C./ Ross S. A. (1976): „The Valuation of Options for Alternative Stochastic Processes", in: Journal of Financial Economics 3, S. 145 - 166.

Cox, J. C./ Ross S. A./ Rubinstein, M. (1979): „Option Pricing a Simplified Approach", in: Journal of Financial Economics 7, S. 229 - 263.

Cox, J. C./ Rubinstein, M.(1985): „Options Markets", Englewood Cliffs, New Jersey.

Curran, M. (1994): „Strata Gems", in: RISK volume 7 number 3, S. 70 - 71.

Curran, M. (1995): „Accelerating American Option Pricing in Lattices", in: The Journal of Derivatives, S. 8 - 18.

Dennis, P./Rendleman, R. J. (1995): „Pricing Financial Claims Subject to Interest Rate Risk and Default Risk", Working Paper, University of North Carolina at Chapel Hill.

Derman, E./ Kani, I./ Ergener, D./ Bardhan, I. (1995): „Enhanced Numerical methods for Options with Barriers", in: Financial Analysts Journal, S. 65 - 74.

Derman, E./ Karasinski, P./ Wecker, J. (1990): „Understanding Guaranteed Exchange-Rate Contracts in Foreign Stock Investments", in: International Equity Strategies, Goldman, Sachs & Company.

Dewynne, J. N./ Wilmott, P. (1993): „Partial to the Exotic", in: RISK volume 9, number 3, S. 40 - 44.

Dewynne, J. N./ Wilmott, P. (1994): „Asian Options as Linear Complimentary Problems: Analysis and Finite-Difference Solutions", in: Advances in Futures and Options Research 8, S. 145 - 173.

Dothan, M. U. (1990): „Prices in Financial Markets", Oxford University Press, Oxford.

Galitz, L. C. (1995): „Financial Engineering - Tools and Techniques to Manage Financial Risk", Irwin Professional Publishing, Burr Ridge.

Garman, M. B. (1989): „Recollection in Tranquility", RISK volume 2, number 2, S. 16 - 19.

Garman, M. B./ Kohlhagen, S. W. (1983): „Foreign Currency Option Values", in: Journal of International Money and Finance 2, S. 1983 - 237.

Geske, R. (1979a): „The Valuation of Compound Options" in: Journal of Financial Economics 6, S. 63-81.

Geske, R. (1979b): „A note on an Analytic Valuation formula for Unprotected American Call Options on Stocks with Known Dividends" in: Journal of Financial Economics 7, S. 375 - 380.

Geske, R./ Johnson H. E. (1984): The American Put Valued Analytically", in Journal of Finance 39, S. 1511 - 1524.

Geske, R./ Shastri, K. (1985): „Valuation by Approximation: A Comparison of Alternative Option Valuation Techniques", in: Journal of Financial and Quantitative Analysis 20, S. 45 - 71.

Goldmann, M. B./ Sosin, H. B./ Gatto, M. A. (1979): „Path Dependent Options: Buy at the Low, Sell at the High", in : Journal of Finance 34, S. 1111 - 1128.

Heynen, R./ Kat, H. (1994): „Crossing Barriers", in: RISK volume 7 number 6, S. 46 - 51.

Hull, J. (1989): „Options, Futures, and Other Derivative Securities", Englewood Cliffs, New Jersey.

Hull, J./ White, A. (1983): „The Use of the Control Variate Technique in Option Pricing", in: Journal of Financial and Quantitative Analysis 23, S. 237 - 251.

Hull, J./ White, A. (1990): „Valuing Derivative Securities Using the Explicit Finite Difference Method", in: Journal of Financial and Quantitative Analysis 25, S. 87 - 100.

Hull, J./ White, A. (1993): „Efficient Procedures for Valuing European and American Path-Dependent Options", in: The Journal of Derivatives, S. 21 - 31.

Ingersoll, J. E. jr. (1987): „Theory of Financial Decision making", Rowman & Littlefield, Savage.

Johnson, H. E. (1983): „An Analytical Approximation for the American Put Price", in: Journal of Financial and Quantative Analysis 18, S. 141 - 148.

Kat, H./ Verdonk, L. (1995): „Tree Surgery", in: RISK volume 8 number 2, S. 53 - 56.

Kemna, A. G. Z./ Vorst, T. C. F. (1990): „A Pricing Method for Options Based on Average Asset Values", in: Journal of Banking and Finance 14, S. 113 - 129.

Kumitomo, N./ Ikeda, M. (1992): „Pricing Options with Curved Boundaries", in: Mathematical Finance 2, S. 275 - 298.

Levy, E./ Turnbull, S. (1992): „Average Intelligence", in: RISK volume 5 number 2, S.53 - 59.

Loistl, O. (1996a): „Kapitalmarkttheorie", R. Oldenbourg Verlag, München.

Loistl, O. (1996b): „Computergestütztes Wertpapiermanagement", R. Oldenbourg Verlag, München.

Macmillan, L. W. (1986): „Analytic Approximation for the American Put Option", in: Advances ind Futures and Options Research 1, S. 119 - 139.

Marsal, D. (1976): „Die numerische Lösung partieller Differentialgleichungen in Wissenschaft und Technik", Bibliographisches Institut, Mannheim.

Marsal, D. (1989): Finite Differenzen und Elemente: Numerische Lösungen von Variationsproblemen und partiellen Differentialgleichungen", Springer-Verlag, New York.

Mayer, S. R. (1996): Exotische Optionen - Beschreibung, Bewertung und Risikomanagement", IFA Institut für Finanz- und Aktuarwissenschaften, Ulm.

Merton, R. C. (1973): „Theory of Rational Option Pricing", in: Bell Journal of Economics and Management Science 4, S. 141 - 183.

Merton, R. C. (1990): „Continuous-Time Finance", Blackwell, Cambridge.

Moro, B. (1995): „The Full Monte", in: RISK volume 8 number 2, S. 57 - 58.

Nicholls, M. (1996): „In Praise of the Average", in: RISK volume 9, number 5, S. 53 - 55.

Ohne Verfasser: „Chicago Board Options Exchange ist Amerikas größte Optionsbörse", Frankfurter Allgemeine Zeitung vom 26.06.1997.

Ohne Verfasser: „DTB Statistik Report 1996", Deutsche Börse AG.

Ohne Verfasser: „DTB bringt Ibis-System vor Sanktionsausschuß", Börsen-Zeitung vom 06.06.1997.

Ong, M. (1996): „Exotic Options: The Market and Their Taxonomy", in: Nelken, I. (Hrsg.), „The Handbook of Exotic Options", Irwin Professional Pubishing, Chicago, S. 3 - 44.

Pechtl, A. (1995): „Classified Information", in: Jarrow, R. (Hrsg.): „Over the Rainbow", RISK Publications, London, S. 71 - 74.

Pelsser, A./ Vorst, T. (1994): „The Binomial Model and the Greeks", in: Journal of Derivatives 1, S. 45-49.

Ravindran, K. (1996): „Exotic Options: The Basic Building Blocks and their Applications", in: Nelken, I. (Hrsg.), „The Handbook of Exotic Options", Irwin Professional Pubishing, Chicago, S. 45-98.

Reimer, M./ Sandmann, K. (1993): „Down-and-out Call, Bewertungstheorie, numerische Verfahren und Simulationsstudie", Discussion Paper No. B-239, Sonderforschungsbereich 303, Rheinische Friedrich-Wilhelms-Universität Bonn.

Reimer, M./ Sandmann, K. (1995): „A Discrete Approach for European and American Barrier Options", Discussion Paper No. B-272, Sonderforschungsbereich 303, Rheinische Friedrich-Wilhelms-Universität Bonn.

Rendleman, R. J. jr./ Bartter, B. J. (1979): „Two-State Option Pricing", in: Journal of Finance 34, S. 1093 - 1110.

Richtmyer, R. D./ Morton, K. W. (1967): „Difference methods for Initial-Value Problems", Interscience Publishers, New York.

Rodt, M./ Schäfer, K. (1996): „Exotische Optionen - Systematik und Marktüberblick", in: Die Bank 10/96, S. 602 - 607.

Roll, R. (1977): „An analytic Valuation Formula for Unprotected American Call Options on Stocks with Known Dividends", in: Journal of Financial Economics 5, S. 251 - 258.

Rubinstein, M. (1991a): „Chooser Options", Working Paper, University of California at Berkeley.

Rubinstein, M. (1991b): „Lookback Options", Working Paper, University of California at Berkeley.

Rubinstein, M. (1991c): „Quanto Options", Working Paper, University of California, Berkeley.

Rubinstein, M./ Reiner, E. (1991a) „Barrier Options", Working Paper, University of California at Berkeley.

Rubinstein, M./ Reiner, E. (1991b) „Binary Options", Working Paper, University of California at Berkeley.

Schäfer, M. (1994): „Die Bewertung von Optionen mit und ohne Barrier mittels der Methode der Finiten Differenzen", Unveröffentlichte Diplomarbeit, Rheinische Friedrich-Wilhelms-Universität Bonn.

Schönfeld, P. (1969): „Methoden der Ökonometrie, Lineare Regressionsmodelle", Verlag Franz Vahlen, Berlin.

Schwartz, E. S. (1976): „The Valuation of Warrants: Implementig a New Approach", in: Journal of Financial Economics 4, S. 79 - 93.

Smith, G. D. (1965): „Numerical Solution of Partial Differential Equations: Finite Difference Methods", Oxford University Press, Oxford.

Sondermann, D. (1993): Vorlesungsskript zur Vorlesung Stochastik der Finanzmärkte an der Rheinischen Friedrich-Wilhelms-Universität Bonn.

Stoer, J./ Bulirsch, R. (1996): „Introduction to Numerical Analysis", Springer Verlag, New York.

Stultz, R. M. (1982): Options on the Minimum or Maximum of Two Risky Assets: Analysis and Applications", in: Journal of Financial Economics 10, S. 161 - 185.

Tian, Y. (1993): „A Modified Lattice Approach to Option Pricing", in: The Journal of Futures Markets 13, S. 563 - 577.

Turnbull, S. M./ Wakeman, L. M. (1991): „A Quick Algorithm for Pricing European Average Options", in: Journal of Financial and Quantitative Analysis 26, S. 377 - 389.

Vorst T. C. F. (1996): „Averaging Options", in: Nelken, I. (Hrsg.) „The Handbook of Exotic Options", Irwin Professional Pubishing, Chicago, S. 175 - 198.

Vorst, T. C. F. (1990): „Asian Options on Oil Spreads", Review of Futures Markets 9, S. 511 - 528.

Weßels, T. (1992): „Numerische Verfahren zur Bewertung von Aktienoptionen", Deutscher Universitäts Verlag, Wiesbaden.

Whaley, R. E. (1981): „On the Valuation of American Call Options on Stocks with Known Dividends", in: Journal of Financial Economics 9, S. 207 - 211.

Wilmott, P./ Dewynne, J./ Howison, S. (1995): „Option Pricing: Mathematical Models and Computation", Oxford Financial Press, Oxford.

Witt, F. (1994): Lookback Optionen und Two-Color Rainbow Optionen: Eine Simulationsstudie" Unveröffentlichte Diplomarbeit, Rheinische Friedrich-Wilhelms-Universität Bonn.

Index der Notation

Lateinisch

a_θ	Matrixelement der Crank-Nicolson Methode Finiter Differenzen
a_E	Matrixelement der expliziten Methode Finiter Differenzen
a_I	Matrixelement der impliziten Methode Finiter Differenzen
b_θ	Matrixelement der Crank-Nicolson Methode Finiter Differenzen
b_E	Matrixelement der expliziten Methode Finiter Differenzen
b_I	Matrixelement der impliziten Methode Finiter Differenzen
c_θ	Matrixelement der Crank-Nicolson Methode Finiter Differenzen
c_E	Matrixelement der expliziten Methode Finiter Differenzen
c_I	Matrixelement der impliziten Methode Finiter Differenzen
$C(S, t)$	Wert einer Kaufoption zum Zeitpunkt t beim Aktienkurs S
$C(S, J, t)$	Wert einer Kaufoption zum Zeitpunkt t bei Aktienkurs S und dritter Gitterdimension J
$C(S, X, t)$	Wert einer Kaufoption zum Zeitpunkt t bei Aktienkurs S und Ausübungspreis X
$C(S, J, X, t)$	Wert einer Kaufoption zum Zeitpunkt t bei Aktienkurs S, dritter Gitterdimension J und Ausübungspreis X
$C(S_1, S_2, ..., S_N, X, t)$	Wert einer Kaufoption zum Zeitpunkt t bei Aktienkurs S und Ausübungspreis X
d	Aufwärtsbewegung im Binomialmodell
E	Wechselkurs
$F(\infty)$	Extrapolationsergebnis für unendliche Feinheit des Gitters
$F(x)$	Berechnungsergebnis einer Approximation mit Schrittlänge x
$F(x, y)$	Berechnungsergebnis einer Approximation mit Schrittlängen x und y
H	Kursschranke
I_{M-1}	$(M\text{-}1)\times(M\text{-}1)$ Einheitsmatrix
J	Maximum, Minimum oder Summe aller Kurse des Basiswertes innerhalb der Laufzeit der Option

J_{max}	Minimaler J-Wert
J_{min}	Maximaler J-Wert
J_n	Diskretisierte Version von J
l_i	Matrixelemente von L
L	Logarithmus des Aktienkurses
L	Untere Dreiecksmatrix für Dekomposition
L_{max}	Maximaler logarithmierter Aktienkurs
L_{min}	Minimaler logarithmierter Aktienkurs
m	Laufindex für L bzw. S
M	Anzahl Aktienkursschritte
M_θ	Tridiagonale Matrix der Crank-Nicolson Methode Finiter Differenzen
M_E	Tridiagonale Matrix der Expliziten Methode Finiter Differenzen
M_I	Tridiagonale Matrix der Impliziten Methode Finiter Differenzen
M_n	Maximaler Kurs des n-ten Basiswertes innerhalb der Laufzeit der Option
n	Laufindex für t
N	Anzahl Zeitschritte
$N(x)$	Wert der Standardnormalverteilung an der Stelle x
p	Laufindex für die dritte Gitterdimension
P	Dritte Gitterdimension
$P(S, t)$	Wert einer Verkaufoption zum Zeitpunkt t beim Aktienkurs S
$P(S, J, t)$	Wert einer Verkaufoption zum Zeitpunkt t bei Aktienkurs S und dritter Gitterdimension J
$P(S, X, t)$	Wert einer Verkaufoption zum Zeitpunkt t bei Aktienkurs S und Ausübungspreis X
$P(S, J, X, t)$	Wert einer Verkaufoption zum Zeitpunkt t bei Aktienkurs S, dritter Gitterdimension J und Ausübungspreis X
$P(S_1, S_2, ..., S_N, X, t)$	Wert einer Verkaufoption zum Zeitpunkt t bei Aktienkurs S und Ausübungspreis X
q	Kontinuierliche Verzinsung des Basiswertes
q_n	Kontinuierliche Verzinsung des Basiswertes im Zeitintervall Δt
Q	Länge des Polynoms der Richardson Extrapolation

r	Risikoloser Zinssatz
r_n	Risikolose Verzinsung im Zeitintervall Δt
R	Rebate für Barrier Optionen, J/S für Average Strike Optionen
S	Kurs des Basiswertes
S_i	Kurs des i-ten Basiswertes
S_{max}	Maximaler Aktienkurs
S_{min}	Minimaler Aktienkurs
t	Aktueller Zeitpunkt
T	Fälligkeitszeitpunkt der Option
T_i	i-ter in einer Reihe von Fälligkeitszeitpunkten
u	Aufwärtsbewegung im Binomialmodell
u_i	Matrixelemente von U
U	Obere Dreiecksmatrix für Dekomposition
v_i	Matrixelemente von U
$V(S, t)$	Wert einer Option zum Zeitpunkt t beim Aktienkurs S
$V(S, X, t)$	Wert einer Option zum Zeitpunkt t bei Aktienkurs S und Ausübungspreis X
$V(S, J, t)$	Wert einer Option zum Zeitpunkt t bei Aktienkurs S und dritter Gitterdimension J
$V(S, J, X, t)$	Wert einer Option zum Zeitpunkt t bei Aktienkurs S, dritter Gitterdimension J und Ausübungspreis X
$V(S_1, S_2, ..., S_N, X, t)$	Wert einer Option zum Zeitpunkt t bei Aktienkurs S und Ausübungspreis X
V_d	Optionswert im Binomialmodell nach einer Abwärtsbewegung
V_u	Optionswert im Binomialmodell nach einer Aufwärtsbewegung
$W(L, t)$	$e^{-n} V(e^L, t)$
W_n	Vektor aus dem R^{m+1}, der alle Optionswerte des Zeitpunktes n beinhaltet
W_n^+	W_n bereinigt um Randlösungen
W_n^-	W_n ohne oberen und unteren Randwert
$W_{m,n}$	Optionswert im Gitterpunkt (m, n)

$W_{p,m,n}$	Optionswert im Gitterpunkt (p, m, n)
x_i	Polynomialkoeffizienten der Richardson Extrapolation
X	Ausübungspreis
X_i	i-ter in einer Reihe von Ausübungspreisen
y_i	Polynomialkoeffizienten der Richardson Extrapolation
Z	Tridiagonale Matrix

Griechisch

α_i	Gewichtungsfaktor des i-ten Basiswertes
ΔJ	Schrittlänge in J
ΔL	Schrittlänge im logarithmierten Aktienkurs
ΔR	Schrittlänge in R
ΔS	Schrittlänge im Aktienkurs
Δt	Schrittlänge in der Zeit
ι	Vektor aus dem $R^{(M+1)}$ dessen sämtliche Elemente gleich eins sind
μ	Erwartete lokale Zuwachsrate des Basiswertes
θ	Gewichtungsfaktor der gemischten Methode Finiter Differenzen
σ	Volatilität
Π	Wert eines Portfolios

Aus unserem Programm

Lawrence W. Fong
Werteingrenzung und Bewertung von Devisenoptionen
1996. XXX, 425 Seiten, 46 Abb., 60 Tab., Broschur DM 128,-/ ÖS 934,-/ SFr 114,-
DUV Wirtschaftswissenschaft
ISBN 3-8244-0307-2
Für jeden Marktteilnehmer auf dem Devisenoptionsmarkt ist es erforderlich, sich über den "Wert" der betreffenden Option im Klaren zu sein. Diese Arbeit setzt sich mit den Werten von Devisenoptionen aus der Sicht eines Arbitrageurs auseinander.

Barbara Grünewald
Absicherungsstrategien für Optionen bei Kurssprüngen
1998. XXII, 200 Seiten, 35 Abb., Broschur DM 89,-/ ÖS 650,-/ SFr 81,-
GABLER EDITION WISSENSCHAFT
ISBN 3-8244-6648-1
Extreme Kurssprünge innerhalb kurzer Zeitspannen sind am Aktienmarkt immer wieder zu beobachten. Barbara Grünewald berechnet und analysiert Absicherungsstrategien für Optionen mit Hilfe eines Sprung-Diffusionsprozesses.

Wolfgang Kirschner
Die Bewertung von DM-Zinsswaps
Zinsdifferenzen zwischen DM-Swaps und DM-Anleihen
1998. XXIV, 283 Seiten, 45 Abb., 58 Tab.,
Broschur DM 108,-/ ÖS 788,-/ SFr 96,-
GABLER EDITION WISSENSCHAFT
ISBN 3-8244-6629-5
Der Markt für Zins- und Währungsswaps ist durch ein stürmisches Wachstum gekennzeichnet. Der Autor zeigt, ob und warum signifikante Swapspreads existieren, wie sich Swapspreads verändern und auf welche Ursachen sie zurückzuführen sind.

Gunter Löffler
Der Beitrag von Finanzanalysten zur Informationsverarbeitung
Eine empirische Untersuchung für den deutschen Aktienmarkt
1998. XVII, 217 Seiten, 2 Abb., 32 Tab., Broschur DM 89,-/ ÖS 650,-/ SFr 81,-
GABLER EDITION WISSENSCHAFT
ISBN 3-8244-6650-3
Der Autor zeigt unter anderem, daß die Renditen, die sich bei Berücksichtigung der von Analysten bereitgestellten Informationen erzielen lassen, größer sind als etwaige Verluste aus Prognosefehlern.

MIX
Papier aus verantwortungsvollen Quellen
Paper from responsible sources
FSC® C105338

If you have any concerns about our products,
you can contact us on
ProductSafety@springernature.com

In case Publisher is established outside the EU,
the EU authorized representative is:
**Springer Nature Customer Service Center GmbH
Europaplatz 3, 69115 Heidelberg, Germany**

Printed by Libri Plureos GmbH
in Hamburg, Germany